도 우리는 좀 더 나은 대답을 할 수 있다.

이 세상에 온 이유, 그 이유의 밝힘, 그런 것들을 고민해 보는 것, 삶에 대해-자신과 세상에 함께 이로운-목표를 가지려 노력하는 것, 올바른 계획을 세우려 애쓰는 것, 되는대로 사는 것이 아니라 의미 있고 가치 있게 살려고 하는 것, 그렇게 행동하는 것, 이러한 방식으로 우리는 삶의 물음에 답을 할 수 있다.

인류의 성자들과 수많은 현자들이 하나같이 주장했듯이, 삶에 대한 해답은 이미 우리 안에 있을 것이다. 다만 우리의 눈과 귀가 내 안이 아닌 밖으로 향해 있어서 해답을 발견하지 못하는 것일 뿐.

어떻게 해야 삶의 물음에 가장 괜찮은 대답을 할 수 있을까? 그 해답을 함께 구해 보고자 〈더 미라클〉 회원들에게 도움을 청했다. 우리는 함께 고민했고, 함께 답을 찾으려 애썼으며, 그 고민의 결과를 책으로 엮어 세상에 내놓는다.

이 책이 진리에 목말라 있는 이들의 갈증을 완전히 해소하거나, 성공하고 부자가 되고 싶은 이들의 고민을 한 번에 해결해 주거나, 삶의 물음에 대해 할 수 있는 가장 지혜롭고 가장 훌륭한 조언이 되기에는 턱없이 부족할 것임을 안다.

그러나 밖으로 향해 있는 우리의 시선을 안으로 돌리고, 우리가 이미 가지고 있는 해답에 한 걸음 더 가까이 다가가는 역할을 할 수는 있으리라고 믿는다.

그리고 함께해 주신 〈더 미라클〉 회원님들께 감사의 마음을 전한다.

미학 심경섭

"이 책이 우리 안에 있는–삶의 물음에 대한–해답을 볼 수 있는 혜안을 깨우기를 희망하며, 내면에 숨겨진 해답을 하나라도 더 발견할 수 있는 계기가 되기를 바라는 진솔한 마음으로, 삶을 사랑하는 당신께 이 책을 드립니다."

"삶은 우리에게 무엇을 묻고 있는 것일까요?"

더 미라클 : 강영미, 곽효정, 권경임
박지원, 이연정, 최지아

◆ 더 미라클–필사와 공저를 통해 세상에 기적의 씨앗을 뿌리는 모임.

머리말

◇
◇

삶이 묻는다

매일 매 순간
상황으로, 사건으로, 사람으로.

우리에게 삶이 묻는다.

PART 1

심   경   섭

° 삶이 묻는다

"신은 그저 질문하는 자일뿐,
운명은 내가 던지는 질문이다.
답은 그대들이 찾아라."

영혼으로 존재하는 이들과 몸으로 존재하는 이들의 공존으로 삶의 메시지를 던졌던 드라마 〈도깨비〉에 나오는 대사에서처럼, 운명은 신이 던지는 질문과 같은 것 아닐까? 답이 정해진 질문이 아니라, 대답을 하는 사람에 의해 답이 정해지는 질문.

질문만 할 뿐 답을 주지 않는 신, 신은 우리에게 이렇게 말하고 있는지 모른다.

"답은 그대들이 찾아라."

신은 인간의 운명에 변화의 여지를 남겨 두고, 삶의 순간순간 우리가 어떻게 하느냐에 따라 운명의 다음 행보가 달라질 수 있도록 한다. 이 얼마나 아름다운 신의 배려인가.

신은 운명을 통해 질문을 하고, 삶에 다양한 상황을 던짐으로써 한 번 더 묻고, 사람이 하는 바에 따라 운명의 길이 달라질 수 있도록 한다. 그래서 삶은 매 순간 각각의 상황으로 우리에게 묻는다.

"자, 이제 어떻게 할 것인가?"

인생이란 결국 '삶의 물음에 대답하는 것'이며, 그 물음은 신이 우리에게 던지는 질문과 궤를 같이한다. 운명을 좌우할, 우리의 몫으로 남겨진 신성하고 위대한 질문.

우리는 어떻게 대답을 하는가? 각각의 상황에 대한 우리의 반응, 그것이 바로 우리의 대답이다.

삶의 질문을 통하지 않고 결정되는 운명은 없다. 우리의 대답과 상관없이 결정되는 운명도 없다. 운명은 삶의 질문에 대한 각자의 대답을 통해 흐름이 달라진다. 이때 신은 그저 질문을 제시할 뿐, 모든 것은 우리의 책임(권한)으로 남는다.

어떤 날은 좋은 경험으로 우리에게 묻고, 어떤 날은 새로운 인연으로 우리에게 묻는다.

"자, 내가 너에게 이 사람을 보냈으니 너는 이제 어떻게 할 것인가?"

매 순간 일어나는 상황들, 그것은 삶이 우리에게 던지는 인과론적 질문이다.

"자, 내가 너에게 이 상황을 주었으니 너는 이제 어떻게 할 것인가?"

우리의 대답에 따라 삶은 또 다른 질문을 우리에게 던진다. 더 곤란하거나 더 수월하거나.

우리의 대답은 삶의 다음 질문에 대한 소재가 되고 운명을 만드는 주요 재료가 된다.

우리가 아무런 대답도 하지 않거나, 우물쭈물 망설이고 있을 때 삶은 끈질기게 대답을 강요한다. 더 세고 더 강한 어떠한 상황들을 통해서.

인생에 만약이란 없다. 연습이 가능한 인생이란 없다. 우리는 지나온 과거를 돌아보며, '만약 그때 그랬더라면 어땠을까?' 부질없는 회상을 해 보지만, 만약 신의 배려로 과거의 그때로 다시 돌아간다고 해도 우리는 '만약 그때 그랬더라면 어땠을까?' 아쉬워하고 후회할 짓을 다시 반복하게 될 것이다. 지금 그렇게 사는 것처럼.

인생은 기술인 걸까, 예술인 걸까, 아니면 학술인 걸까. 젖내가 채 가시기도 전에 공부를 시키는 것은 인생이 학술이란 것일까? 서점가에 각종 처세술 서적이 넘쳐나는 것은 인생이 기술이라는 것일까? 인생은 진술에 가까운 것이 아닐까? 삶의 물음에 대하여 생각하고 느끼고 행동으로 답하는 진술.

삶의 물음에 진정으로 대답할 때, 비로소 내가 나의 삶 속에 온전히 있게 되는, 인생은 바로 그에 관한 진술이다.

삶이 묻는다.
"너의 인생인데, 그 안에 왜 네가 없는가?"

삶이란 백지의 묶음으로 된 빈 노트를 한 장 한 장 채워 가는 것과 같다. 우리가 이 세상에 맨 처음 왔을 때 우리에게는 빈 노트 한 권이 주어졌고 우리는 하루하루 그 노트에 무엇인가를 채우기 시작했다.

때로는 웃음, 기쁨, 희망, 도전, 행복, 이런 좋은 단어들로 채워지는 날이 있는가 하면, 눈물, 슬픔, 한숨, 우울, 좌절 등으로 채우고, 설움으로 채우기도 하면서, 그렇게 삶의 물음에 대답을 한다. 운명은 그렇게 흘러간다. 우리의 삶은 거대한 우주의 계획을 완성하는 신성하고 위대한 스토리다.

삶이 묻는다.
"너는 너의 인생에 무엇을 어떻게 채울 것인가?"

삶이 질문을 던질 때 우리는 최선을 다해 가장 알맞은 대답을 해야 한다. 우리 앞에 던져지는 수많은 질문에 대한 대답으로, 우리는 생각하고 고민하고 행동한다. 우리에게는 삶의 물음에 성실히 답해야 할 의무와 책임이 있다.

삶이 우리에게 주는 여러 문제들 그리고 과제들, 그것은 사람마다 다르고, 인생마다 다르며, 때에 따라 다르다. 삶은 그렇게 우리에게 묻고, 그것은 신의 질문이다.

다른 누구도 대답을 대신할 수는 없다. 삶의 질문에 대답하는 것은 각자에게 주어진 의무이니 대답은 각자가 해야 한다.

우리가 살아가는 중에 자신을 도울 수 있는 가장 좋은 방법은 삶이 던지는 질문에 최선으로 대답하는 것이다. 그것이 설령 도저히 하기 힘든 일일지라도.

삶은 우리에게 삶과 관련된 다양한 질문을 던짐으로써 우리 스스로 '삶은 무엇인가'에 대한 해답을 얻도록 유도하고, 그것은 인생이 제 역할을 할 수 있게 하려는 신의 의도다.

삶은 때때로–사실은 자주–시련을 통해 질문을 던진다. 삶의 목적은 우리를 성장시키는 데 있기 때문이다.

그러므로 우리는 아무리 힘들고 고통스러워도 시련에게 자신의 등을 보이면 안 된다. 그것은 우리가 할 수 있는 방식 중에서 가장 못나고 가장 어리석은 방식이 된다.

삶은 우리에게 시련을 던지면서 시련 속에 성취와 성장의 메시지도 함께 담아 놓는다. 하지만 모든 사람이 그 메시지를 발견하는 것은 아니다.

우리는 어떤 고난과 어떤 시련과 어떤 치욕을 당하게 되더라도 견디고 또 견디어 낼 수 있다. 그것은 삶이 시련을 통해 우리에게 던지는 질문에 대한 가장 옳고 가장 알맞은 대답이다.

삶이 묻는다.
"네가 이곳에 온 이유를 너는 알고 있니?"

> **"** 왜 살아야 하는지를 아는 사람은
> 그 어떤 상황도 견뎌낼 수 있다.
> – 니체

대답해야 할 질문은 끝이 없는데, 우리의 게으름과 안일함과 나약함은 좀처럼 진전이 없다.

그래도 우리는 삶의 질문과 대면해야만 한다. 그것이 삶이므로.

개인에게 던져지는 삶의 질문은 다 다르다. 질문을 통해 인생을 구별하고 각자의 인생이 세상에서 골고루 제 역할을 하게 하려는 신의 의도 때문이다. 우리의 대답이 비록 무성의하고 허술할지라도, 삶은 늘 우리로부터 진정성 있는 대답을 기대하며, 그것은 삶이 끝나는 날까지 계속된다. 삶은 결코 우리를 버리지 않는다. 우리가 삶을 버릴지라도.

삶이 우리에게 질문 던지기를 멈추면 삶은 끝나게 되는데, 그때 삶은 우리에게 마지막 질문을 던진다.

"자, 이제 너는 어떻게 생을 마무리할 것인가?"

삶은 우리에게 다양한 방식으로 묻는다. 때로는 사람을 통해, 때로는 상황을 통해, 때로는 자연 현상을 통해.

삶의 물음에 우리가 할 수 있는 최선은 가장 완벽한 대답이 아니라, 가장 알맞은 대답을 하는 것이다. 그것이 현재의 생이 해야 할 역할이고, 그것이 우리가 지금의 삶으로 온 이유와 목적을 완성해 가는 방식이다.

신은 우리에게 눈을 주고 보는 능력을 주었으나 무엇을 볼 것인지에 대한 선택은 우리가 결정하도록 한 것처럼, 선택권은 우리에게 있다. 보고 듣고 말하고, 우리가 가지고 있는 모든 기능은 좋은 쪽이거나 그렇지 않은 쪽, 둘 중 하나의 방향으로 움직일 수 있고, 그 선택권은 우리에게 있다.

우리는―삶을 훌륭히 살아내기에 충분한―여러 기능과 능력을 지녔지만, 많은 경우 우리는 그것들을 잘 사용하지 못한다. 오히려 그것(기능이나 능력)에 끌려다니는 수가 더 많다. 가령, 감정만 하더라도 우리가 감정을 통제하고 다스려 잘 사용하는 때보다는, 거꾸로 감정에 이리저리 끌려다니는 때가 더 많다.

삶에는 여러 가치가 있고, 그 선택권은 우리에게 있다. 신은 우리에게 '희망'이라고 하는 정서적 가치를 주었지만, 희망을 품을지 말지, 희망을 어떻게 사용할지에 대한 선택은 우리가 결정하도록 했다.

생명 활동에 필요한 모든 기능을 가진 우리는 삶에 필요한 모든 가치를 가지고 있다. 다만 우리가 그것을 어떻게 하는지에 따라 그 가치가 삶에 미치는 영향력이 달라지고, 이후 삶의 흐름과 운명의 흐름이 달라질 뿐이다.

이 책은 바로 그 이야기다. 우리에게 이미 있는 능력과 가치와 꿈에 대한 이야기, 그것을 어떻게 사용해야 좋은지에 대한 이야기, 그것들을 통해 삶의 물음에, 신의 물음에 어떻게 대답해야 할지에 대한 매우 현실적이고 매우 이상적인 이야기.

삶은 자주 '오늘의 나'와 '어제의 나'를 만나게 하고, 그와 비슷한 시간만큼―누군가는 더 많은 시간 동안, 혹은 더 적은 시간 동안―'오늘의 나'와 '내일의 나'를 만나게 한다. 그리고 그 모든 시간 속에서 삶은 우리에게 묻는다. 모든 순간마다 특정한 상황을 통해 삶은 우리에게 묻는다. 어떻게 할 거냐고.

삶의 물음에 귀를 기울일 때 생각이나 마음은 대답을 위한 작동을 하게 된다. 삶의 물음에 귀를 기울일 때 잡념이 사라지고 마음이 겉돌지 않게 된다. 삶의 물음에 귀를 기울일 때 우리는 지금 이 순간, 지금 여기, 지금 이곳에, 온전히 머물 수 있게 된다.

삶의 물음에 귀를 기울일 때 우리는 포기가 아닌 도전을 선택하게 되고, 절망이 아닌 희망을 선택하게 된다. 삶의 물음에 귀를 기울일 때 우리는 우리를 스쳐 가는 기회들을 볼 수 있게 되고 잡을 수 있게 된다.

삶의 물음에 귀를 기울일 때 우리는 유혹으로부터 자신을 지킬 수 있게 된다. 삶의 물음에 귀를 기울일 때 우리는 자기 삶에 들어와 있는 모든 사람에게서 눈을 떼지 않게 된다. 삶의 물음에 귀를 기울일 때 우리의 사랑도, 우리의 성공도, 우리의 풍요도, 우리의 행복도 더 쉬워진다.

비밀은 삶의 물음에 계속해서 귀를 기울이고 대답하는 데 있다. 더 많이 더 자세히 귀를 기울일수록, 더 성실히 대답할수록 우리는 더 나은 삶을 살아갈 수 있다.

삶의 물음에 귀를 기울일 때 우리는 스스로 도울 수 있는 방향으로 움직일 수 있다. 그래서 하늘은 스스로 돕는 자를 돕는다고 하였다.

> "나는 '있는 그대로의 나'를 사랑한다.
> 그렇지만!
> 나는 '더 나은 나'가 되고 싶다."

있는 그대로 사랑하되 그 이상을 꿈꾸자!

아침마다 우리는 매일 새로운 숨을 쉬고, 밤마다 우리는 새로운 내일을 기약할 수 있지만, 삶이 저절로 새로워지거나 우리의 의식이나 영혼이 저절로 성장하는 것은 아니다.

삶의 물음에 제때 대답을 잘해야, 삶도 우리의 물음에 제때 대답을 해 준다. 삶의 대답은 신의 대답이다. 삶을 보살필 때 삶도 우리를 보살핀다. 삶의 보살핌은 신의 보살핌이다.

우리는 우주 안에서 부분이면서 전체이다. 우리의 삶은 우주 안에서 개인의 활동이면서 전체를 이루는 우주의 작용이다. 어찌 스스로 함부로 대할 수 있겠는가? 어찌 허투루 삶을 허비할 수 있겠는가?

삶의 물음은 사랑이다. 삶의 물음은 선물이다. 삶의 물음은 삶에 대한 해답이다. 삶은 우리에게 물음으로써 답을 준다.

삶의 물음에 답하라! 진정으로 답하라! 사랑으로 답하라! 삶의 보살핌이 있을 것이다. 운명의 보살핌이 있을 것이다. 신의 보살핌이 있을 것이다. 우리의 인생 안에서.

우리는 모두―존재적으로―성장하기 위해 이 세상에 왔다.

삶이 묻는다.
"너의 대답은 무엇인가?"

> **"** 하나의 모래알에서 세계를 보고,
> 한 송이 들꽃에서 천국을 보라.
> ― 윌리엄 블레이크

˚ 세상

<u>존재물이 활동할 수 있는 모든 사회 혹은 공간</u>

세상이 먼저 있었다.

태초의 이야기가 아니다. 나와 당신 그리고 우리의 이야기다. 세상은 우리보다 먼저 있었다. 우리는 모두 '나보다 먼저 있었던 세상'에 뒤늦게 합류했다. 우리가 태어남으로 인해서 '우리는 없었던 세상'이 '우리가 함께 있는 세상'이 되었다.

내가 있기 전과 후의 세상은 같을 수 없다. 삶을 함부로 해서는 안 되는 이유이다. 어떤 식으로든 우리는 자신의 삶으로 세상에 영향을 미치니까.

우리는 모두 자신의 삶을 통해 세상에 무언가를 주고 있다.

누군가는 의미 있고 가치 있는 뭔가를 세상에 주려 하지만, 어떤 사람들의 경우 세상에 자신이 무엇을 주는지도 모르고 살아간다. 또 누군가는 자신이 세상에 무엇을 주고 가는지 생각조차 못 하고 죽어간다.

삶이 묻는다.
"너는 세상에 무엇을 주고 있는가?"

세상은 노트와 같다. 우리가 맨 처음 이 세상에 왔을 때 노트는 이미 채워진 부분과 앞으로 채워야 할 여백인 부분으로 되어 있었고, 우리는 삶을 통해서 매일 매 순간 그 노트를 채워 왔다. 그 일은 계속 이어진다. 삶이 끝나는 순간까지.

우리는 각자 세상을 채우는 그 무엇이다. 삶은 세상이라는 노트의 빈 곳을 채워 가는 스토리다. 그러므로 우리는 매 순간 최선을 다해서 살아야 한다. 세상이라는 노트에 내 이야기가—세상에 이로움을 주는—아름다운 스토리로 채워질 수 있도록, 우리는 매일 자신의 삶에 정성을 다하고 사랑을 다해야 한다.

"" 이 우주는
우리의 등장을 미리 알고 있었던 것 같다.
– 프리먼 다이슨

세상은 나를 위해 먼저 있었다. 새로운 생명을 얻어 이곳에 오기까지 세상은 나를 태어나게 하고 살게 하려고 여러 방법으로 여러 은혜를 베풀었다. 세상이 우리에게 그랬던 것처럼 우리도—자신의 삶으로—세상을 위해 가치 있는 무언가를 해야 한다.

세상과 우리는 서로 도움을 주고받는다. 그와 마찬가지로 서로 손해를 끼치기도 한다. 하지만 그 모든 것에 헛됨이란 없다. 세상 모든 일에는 그래야 할—혹은 그렇게 될 수밖에 없는—이유가 있고, 모든 존재에게는 선악으로 단정할 수 없는 존재 이유가 있기 마련이다.

　내가 오늘 내딛는 작은 한 걸음이 훗날 인류의 큼직한 발걸음으로 이어질 수도 있고, 내가 행한 오늘의 사소한 잘못이 훗날 인류의 큰 잘못으로 이어질 수도 있는 것, 모든 인간은 어떤 식으로든 세상에 영향을 미치는 존재이다. 그리고 그 영향력은 시공을 넘나든다. 모든 것은 연결이 되고 이어진다.

　세상은 음과 양으로 이루어져 있다. 세상의 모든 것이 그렇다. 삶을 구성하는 각각의 요소도 그렇다. 인생도 음과 양으로 이루어진다. 그것은 교차하고 반복된다. 인생사 새옹지마라는 말이 진리인 이유다. 또한, 어려운 가운데서도 우리가 희망을 기대할 수 있는 이유이기도 하다. 어떤 절망의 순간에도 희망을 놓지 말자. 절벽에서 떨어지는 순간에도 우리는 희망을 품어야 한다. 혹시 아는가, 떨어진 그곳이 황금의 계곡일지.

　세상은 우리에게 별일을 다 겪게 할 테지만, 우리는 세상에 대해 변치 않는 믿음을 가져야 한다. 세상은 절대 나의 뒤통수를 치지 않을 거라는.

　언젠가는 세상에 내가 없는 시간이 오겠지만, 그때도 여전히 세상은 있다. 우리의 조상은 없는데 세상은 여전히 있는 것처럼. 그때가 되면 남겨진 자가 떠나간 자를 기억하듯이, 세상은 우리를 기억하게 된다. 그리고 세상은 언젠가 있었던 누군가의 흔적을 오래도록 지우지 않는다. 우리보다 앞서 살았던 수많은 이들의 삶이 어떤 식으로든 지금 세상에 영향을 미치고 있는 것처럼.

세상은 당신이 떠나간 뒤에도 당신을 기억할 것이다. 아주 오랜 시간
그럴 것이다.

삶이 묻는다.
"세상이 너를 어떻게 기억하기를 바라는가?"

" 과학은 자연의
궁극적인 신비를 결코 풀지 못할 것이다.
자연을 탐구하다 보면
자연의 일부인 자기 자신을 탐구해야 할 때가
반드시 찾아오기 때문이다.
- 막스 플랑크

° 사람

본능과 이성 양쪽의 지배를 받는 동물

본디 세상의 주인은 인간이 아니었다. 물론 지금도 세상의 주인은 인간이 아니다. 그러나 세상에서 인간의 존재감은 매우 강력하다.

인간보다 먼저 세상에 온 존재들은 많았다. 인간이 세상에 왔을 때 인간은 결코 강자가 아니었으며, 인간은 다른 존재들에게서 자신을 지키는 것도 잘하지 못했다. 그랬던 인간이 어떻게 존재계의 윗자리에 오르게 되었을까? 본능에만 의존하는 다른 동물에 비해 인간은 이성의 능력을 계속해서 계발하였기 때문이다.

왜 인간으로 온 것일까? 수많은 존재가 있는 세상에—개로 태어나거나 물고기로 태어나지 않고—우리는 왜 인간으로 태어난 것일까? 그것이 무엇이든 인간이어야만 하는 이유가 있을 것이다. 인간으로서만이 할 수 있는, 인간의 삶이어야만 가능한 무엇인가 있을 것이다.

인간과 다른 동물과의 가장 큰 차이는 삶에 대한 '방식의 차이'다. 본능에만 의존하는 다른 동물들의 방식을 넘어 인간은 이성적이며 고등한 차원의 방식으로 살아간다. 신이 나와 당신을 인간으로 오게 한 이유는 바로 거기에 있을 것이다. 다른 동물이나 식물 혹은 다른 존재라면 하지 못할, 인간이어야 할 수 있는—다른 동물이나 식물들보다는—높은 차원의 어떤 역할을 하라는 뜻이 있을 것이다.

인간으로서 내적 성장과 외적 발전을 꾀하는 동시에, 인간으로서 인간이기에 할 수 있는 역할을 다하려 노력하는 것, 거기에 우리가 인간일 수밖에 없는 이유가 있는 것은 아닐까.

삶이 묻는다.
"너는 왜 인간으로 온 것인가?"

인간의 형상을 했다는 이유만으로 인간 대접을 받을 수 있는 것은 아니다. 과연 무엇이 우리를 진정한 인간으로 만드는가? 사람으로서 사람다운 방식으로 사람답게 살아가려는 의지와 실천을 보일 때 비로소 인간이라 할 수 있지 않을까? 사람만이 지닌 기능으로 자신과 세상 모두에 유익하고 의미 있는 삶을 추구할 때 우리는 진정 인간이 되는 것 아닐까?

삶이 묻는다.
"너는 무엇이 되려 하는가?"

나는 '무엇'인가? 나는 누구인가가 아니라 나는 '무엇'인가라는 점에 주목하자. 나도 당신도 에너지다. 인간은 에너지다. 그래서 에너지가 지니는 속성에 맞게 우리는 반응한다.

약한 것이 강한 것에 흡수된다든지, 비슷한 것끼리 무리 지으려 한다든지, 다른 에너지와 조화를 이루거나 대립한다든지, 압력이 가해지면 폭발한다든지, 상태를 유지하려 한다든지, 고이면 탁해지고 흐르면 맑아진다든지, 우리는-생각하고 행동하는 데 있어서-에너지 법칙의 지배를 받는다.

인간은 우주를 아주 많이 닮았다. 우주의 시스템과 인간의 시스템, 우주의 마음과 인간의 마음, 우주의 법칙과 인간의 법칙은 매우 흡사하다. 인간의 몸을 소우주라고 하는 이유다. 삶에 관한 대부분의 해답은 우리 안에 있다. 우리는 우주의 품 안에서 우주의 법칙에 기대어 사는 존재이므로.

> **"** 모든 것이 인간 속에 있다.
> 모든 것이 인간을 위하여 있는 것이다.
> – 로댕

이 세상에 완전하게 선한 사람, 완전하게 악한 사람은 없다. 우리는 모두 언제든 선해질 수도 악해질 수도 있는, 선과 악을 동시에 지니고 있는 유동성의 존재다. 그러므로 우리는 어떤 사람에 대한-정체성이나 인격적인-평가를 최대한 미루는 것이 좋다. 우리가 어떤 사람에 대해 제대로 이해하는 데는 때로 수십 년이 걸리기도 하니까.

인간은 언제 어떻게 변할지 모르는 존재이기 때문에 우리에게는-의식이나 마음, 내면에 관한-공부와 자기 수양이 필요하다. 그러한 노력이 삶에서 더 많은 비중을 차지할 때 우리는 평화와 행복을 더 경험할 수 있게 된다.

세상의 주인은 세상 자체다. 세상은 사람을 포함한다. 고로 우리는 세상의 주인이다. 더불어 세상이 우리의 주인이다. 사람으로 산다는 것은 사람다운 생각, 사람다운 마음, 사람다운 행동으로 세상을 대하는 것을 의미한다.

요즘 세상에 보기 드문 진짜 괜찮은 사람, 누군가는 그런 사람이어야 하고, 세상은 그런 사람을 귀하게 쓴다. 그 사람이 혹시 당신일 수는 없을까.

삶이 묻는다.
"너는 진정 사람으로 살고 있는가?"

" 인간의 본성은 선하다.
– 맹자

" 인간의 본성은 악하다.
– 순자

°사랑

인간의 근원적인 감정

"넌 나를 더 좋은 사람으로 만들어."

영화 〈보이 걸 씽(It's A Boy Girl Thing)〉에서는 사랑이 인간을 변화시키는 강력한 힘이라고 말하고 있다. 또한, 사랑은 '나의 나'에서 '너의 나'로 변해 가려는 속성을 지니고 있음도 고백하고 있다. 사랑은 변화의 힘이다.

사랑 안에는 '너의 너'를 '나의 너'로 만들고 소유하려는 욕구가 숨어 있다는 것을 우리는 안다. '나의 나'에서 '너의 나'가 되고 싶은 속마음도 있다. 사랑은 소유에 대한 갈망도 포함한다.

사랑과 삶은 어떤 관계에 있을까? 서로 떼려야 뗄 수 없는 매우 유기적인 관계, 사랑 없이 삶이 있을 수 없고, 삶 없이 사랑 또한 있을 수 없는, 사랑은 삶에서 창조의 힘이다. 또한, 사랑은 삶에서 거의 모든 사건의 주범이다. 사랑하기 때문에 창조하고 사랑하기 때문에 파괴를 한다.

누군가를 사랑할 때 그 사람에게 좋은 사람이 되려 하고, 그 사람을 내 사람으로 만들려고 하는 것은 바보스럽지도 탐욕적이지도 않다. 사랑일 뿐이다.

돈을 사랑하기에 돈을 나의 것으로 만들려 하고, 권력을 사랑하기에 더 강하고 더 많은 권력을 갖고 싶어 한다. 그래서 우리는 누구나 돈의 마음을 얻기 위해, 권력의 마음을 얻기 위해 수단과 방법을 가리지 않을 때도 있다. 사랑은 가끔 길을 잃는다.

삶은 사랑을 원료로 해서 의미 있는 뭔가를 창조하려 한다. 삶은 우리가 가치 있는 뭔가를 하는 존재이기를 바라고, 그것은 사랑으로 가능하다고 한다.

사랑은 좋은 것이다. 사랑하므로 좋은 사람이 되려고 하는 것은 좋은 것이다. 사랑하므로 나의 것으로 하려고 하는 욕심도 좋은 것일 수 있다. 선택과 조절을 잘할 수만 있다면.

우리는 가끔 '내가 사랑하는 것들'에 대해서 점검을 해 보는 것이 좋다.

삶이 묻는다.
"너는 무엇을 얼마나 사랑하는가?"

인류 역사상 사랑만큼 많은 주목을 받은 것은 없었다. 삶 곳곳에서 우리는 사랑을 소재로 한 무언가를 한다. 직접적이거나 간접적이거나.

노래, 드라마, 영화, 소설, 그리고 우리의 일상, 세상은 그리고 사람은 온통 사랑에 둘러싸여 사랑 안에서 살아간다. 사랑은 영원한 삶의 소재이며 영원한 감정이며 영원한 존재 이유다.

사람이든 일이든 취미든 음식이든 물건이든 돈이든 권력이든 무형의 무엇이든 우리는 사랑하기 때문에 살아갈 수 있다. 사랑은 삶을 가능하게 하는 근원이다. 사랑이 아니면 우리가 무엇 때문에 힘을 내고 무엇 때문에 욕심을 내며 무엇 때문에 인내하겠는가?

사랑이 아니면 우리는 화날 일도 원망할 일도 나쁜 짓을 할 일도 그리 많지 않다. 누군가—혹은 무언가—를 사랑하므로 욕심을 내고, 사랑하는 일에 문제가 생겨 화가 나고 원망을 하며 나쁜 짓을 한다.

우주의 법칙은 음과 양이라는 두 축을 기반으로 한다. 사랑 역시 다르지 않다. 사랑은 때로는 긍정적인 방향으로 때로는 부정적인 방향으로 작용한다. 그래서 사랑은 때때로 문제를 낳고 아픔을 낳고 상처를 낳는다.

사랑은—긍정적이거나 부정적이거나—힘을 더 강하게 한다.

사랑은 없던 힘을 있게 만든다. 다만 그 힘이 어디에 어떻게 쓰이느냐에 따라 좋을 수도 나쁠 수도 있다. 사랑은 삶에서 때때로 무기가 된다. 그리고 그 무기는 어떤 식으로든 쓰임을 한다. 지키거나 죽이거나.

삶은 우리에게 요구한다. 제대로 사랑하는 법과 힘을 갖추기를. 주인이 힘이 없을 때 하인은 결코 주인을 위해 일하지 않기 때문에, 힘이 없을 때 사랑은 어디로 튈지 모르는 공과 같아서 하인이 주인이 되는 일, 사랑을 좇다가 삶이 수렁에 빠지는 일은 인생에서 그리 드문 일이 아니다.

삶이 묻는다.
"사랑을 다룰 힘을 갖추었는가?"

    누군가를 좋아하는 일이 머리가 아닌 마음에서 시작된다는 점, 그리고 의도함이 아닌 저절로 생겨난다는 점에서 사랑은 위험성을 내포하고 있다.

    사랑은 머리가 아닌 가슴의 문제이며, 가슴은 머리로 제어할 수 있는 것이 아니다. 그러므로 사랑은 처음이 중요하다. 사랑하지 않아야 좋을 대상을–혹은 무언가를–사랑한다는 것은 매우 위험한 결과를 초래할 수 있으니까. 그때 삶은 어떠한 상황을 통해 우리에게 경고한다. 하지만 우리는 좀처럼 '멈춤의 시간'이나 '멈춤의 의지'를 갖지 못한다. 그렇게 사랑은 빠르게 깊어간다. 그렇게 사랑은 우리를 어디론가 데리고 간다.

    머리로 시작하고 언제든 머리로 제어할 수 있다면 사랑이 삶을 위협하는 일은 줄어들 수도 있겠지만, 사랑하는 일이 머리의 일이라고 해도 사랑은 여전히 위험할 수 있다. 인간의 두뇌는 매우 우수하지만, 매우 탐욕적이니까.

삶이 묻는다.
"사랑은 너를 어디로 데려가려는 것일까?"

    누군가는 말한다. "나는 사랑 따위 관심도 없어요."라고. 그러나 아무도 그 무엇도 사랑하지 않고 삶을 유지할 수는 없다. 타인을 사랑하지 않는다고 사랑 없는 삶이 되는 것은 아니니까. 누군가를 사랑하지 않는다는 것은 다른 무엇인가를 더 많이 사랑한다는 의미일 뿐 그의 삶에 사랑이 없는 것은 아니다.

그러나 사람이 사람을 사랑하지 않기로 작정하는 것은, 그리고 그 작정한 것을 유지하려 애쓰는 것은 인간이 할 수 있는 가장 어리석은 짓이다. 그때 삶은 생명력을 잃어간다. 살아 있으나 죽어 있는 삶.

지능이 높고 대단한 능력을 지닌 존재지만, 우리가 사랑 없이 이 세상에 머무는 일은 불가능하다.

삶이 묻는다.
"사랑보다 더 너를
사람답게 해 주는 것은 무엇인가?"

사랑이 제 기능을 하려면 사랑이 아닌 요소가 필요하다. 태양이 제 기능을 발휘하기 위해서는 어둠이 필요하듯이. 그래서 우리의 삶에는 미움과 다툼, 시련과 고통, 절망과 포기가 있게 된다. 사랑의 힘이 필요한 상황들. 그러므로 우리는 삶이 삐걱거릴 때마다 삶의 물음에 귀를 기울여야 한다. 삶에 문제가 발생했다는 것은 사랑에 문제가 생겼다는 증거이므로.

삶이 묻는다.
"내 안에서 사랑은 어떤 상태인가?"

갖고 싶은 것, 되고 싶은 것, 하고 싶은 것, 이 모든 것이 삶에서 현실이 되고 일상이 되는 일은 굳이 기적의 도움을 받지 않아도 가능하다고 현자들은 말한다.

삶에 사랑이 온전하게 작용하고 있다면 원하는 대부분은 반드시 이루어진다고 말한다. 그것은 우주의 법칙이므로 그렇다고 말한다.

삶에는 기적이 아니고서는 도저히 어떻게 해 볼 도리가 없을 때가 있다. 하지만 그 위태롭고 위급한 순간마저도 사랑이 아니면 반전을 기대하기는 어렵다. 사랑의 도움 없이 일으켜지는 기적은 없다.

사랑은 창조의 힘이다. 우주 안의 모든 존재물은 사랑이 아니었다면 탄생마저 불가능했다. 사랑은 그저 좋은 느낌, 그저 가까이 다가가고 싶은 느낌, 그저 함께하고 싶은 느낌, 이런 느낌으로만 한정할 수 없는 '한계 없는 힘'이다.

사랑은 힘이다. 사랑은 에너지다. 사랑은 없던 것을 있게 하는 힘이며, 있는 것을 잘 있게 하는 힘이며, 약한 것을 강하게 하는 플러스 에너지다. 사랑은 창조의 힘이다. 사랑은 변화의 힘이다. 그러나 무엇을 창조하고 무엇을 어떻게 변화하게 할지는 사랑을 사용하는 자의 몫이다.

우리 안에는 사랑이 있다. 당신 안에 사랑이 있다. 우리는 모두 사랑을 가지고 있다. 그러나 누구나 그 사랑을 에너지로 잘 사용하는 것은 아니다. 더구나 사랑의 에너지를 꾸준히 좋은 방향으로 사용한다는 것은 결코 쉬운 일이 아니다. 우리는 감정의 동물, 욕망의 동물이다.

사랑의 결핍은 마음의 결핍에 끝나지 않는다. 사랑의 결핍은 물질의 결핍으로 이어진다. 사랑의 결핍은 기쁨이나 행복의 결핍으로 이어진다. 사랑이 없는 가슴은 물과 태양이 없는 땅과 같다. 어찌 생명이 살아갈 수 있겠는가.

사랑은 끌어당기는 힘이다. 미움은 밀어내는 힘이다. 우리 안에 사랑보다 미움이 더 많을 때, 우리 안에 사랑보다 미움이 더 강력할 때, 우리는—좋은 것을—끌어당기는 힘을 잃게 된다. 더불어 좋은 것을 안에서 밖으로 밀어내게 된다.

사랑의 눈으로 세상을 보고, 사랑의 마음으로 세상을 대하고, 사랑의 행동으로 세상을 살면 좋은 일, 좋은 상황, 좋은 사건, 좋은 흐름이 만들어진다는, 그러한 경험을 했던 수많은 사람들의 말은 분명 사실이다.

사랑이 아니면 우리는 시련의 강을 도저히 건널 수 없다. 사랑이 아니면 우리는 지독한 고통의 날들을 견뎌낼 수 없다. 사랑이 아니면—달콤한 열매를 맺게 할—인내는 불가능하다.

모든 순간에 사랑으로 머물러라. 모든 말에 사랑을 담아라.

"모든 행동에 사랑을 심어라. 그러면 사랑이 당신을 기쁘게 하고 사랑이 당신의 삶을 보호하고 지켜줄 것이다."

이렇게 말했던 성자들과 현자들이 우리에게 거짓을 전하지는 않았을 터.

단 하나의 힘, 오직 하나의 힘, 그것은 사랑이다.

삶이 묻는다.
"너는 너의 사랑을 본 적이 있는가?"

❝ 사랑을 없애면 우리가 사는 지구는 무덤이다.
— 로버트 브라우닝

° 생각

헤아리고 판단하는 작용

인간이 인간일 수 있는 이유, 언어를 통해 소통할 수 있는 이유, 높은 차원의 욕망을 꿈꿀 수 있는 이유, 인간답지 않은 짓을 할 수 있는 이유, 서로 통하지 않을 수 있는 이유, 욕망으로, 낮은 차원으로 추락할 수도 있는 이유, 그것은 생각이다.

호랑이나 돼지처럼 우리도 동물이다. 그러나 우리는 호랑이처럼 하지 않고 돼지처럼 되지 않는다. 생각 때문이다.

다른 동물들은 제 배가 부르면 더는 욕심을 부리지 않는다. 그러나 아무리 배가 불러도, 아무리 가진 것이 많아도 우리의 욕심에 끝은 없다. 생각 때문이다.

생각은 매우 뛰어난 도구이면서 매우 위험한 무기다. 생각은 우리를 가장 존귀한 존재로 만들지만, 짐승보다 못한 형편없는 존재로 만들기도 한다. 좋은 생각을 지키기 위해서는, 나쁜 생각에서 과감하게 고개를 돌릴 줄 알아야 한다. 물론 쉽지는 않을 것이다. 나쁜 생각도 뇌의 자식들이라서 그 정을 뗀다는 게 보통 일은 아닐 것이다. 그러나 그래도 해야 한다.

생각은 우리를 더 편리하게 하고 더 우월하게 하며 더 강하게 한다. 그러나 생각은 우리를 더 나쁘게 하고 더 위험하게 하며 더 슬프게도 한다.

위기에서 생각은 희망을 찾기도 하지만, 평화에서 생각은 우리를 절망으로 몰아가기도 한다. 환한 대낮에 생각은 우리를 어둠의 골짜기로 몰아넣기도 하고, 깜깜한 밤에 생각은 우리를 빛의 입구로 데려가기도 한다.

생각에 대해서 우리는 둘 중 하나가 될 수 있다. 생각의 주인이 되거나 생각의 노예가 되거나. 생각은 우리를 얼마든지 살릴 수도 있지만, 얼마든지 죽일 수도 있다. 그리고 그것은 언제든 가능하다. 생각의 노예가 되면 생각하기도 싫은 일들이 늘어난다.

많은 인생이 그랬던 것처럼, 생각에 끌려갈 것인지, 아니면 생각을 끌고 갈 것인지, 끌려가느냐, 끌고 가느냐에 따라 길은 달라지고 삶이 달라진다.

삶이 묻는다.
"너는 생각의 주인인가, 노예인가?"

우리는 왜 성실해야 하는가, 우리는 왜 절제를 해야 하며 우리는 왜 유혹 앞에서 무너지지 않아야 하는가? 생각은 때때로 매우 잔인하기 때문이다. 자기 자신까지 속일 재주를 가지고 있지 못한 우리가 오늘 저지르는, 비밀스러운 잘못은 훗날 자기 생각으로 잔인하게 그 대가를 치르게 된다. 내 생각은 언제든 나를 괴롭힐 수 있고, 나이가 든다는 것은—생각이 스스로 괴롭히는—그럴 확률이 더 높아짐을 의미하기도 한다.

남이 나를 비난하는 것보다 내가 나를 비난하는 것이 훨씬 더 괴롭다. 남이 내 편이 되어 주지 않는다고 내가 당장 위험해지지는 않지만, 내가 나의 적이 되는 순간이 오면 매우 위험한 상태에 빠질 수도 있다.

아무리 생각의 주인으로 살아도 삶에 부끄러움이 많으면 언젠가 생각이 스스로 배반하게 되고 생각이 자신을 단죄하게 된다. 잊지 말자. 생각할 줄 안다는 것은—스스로 떳떳하지 못함이 지나칠 경우—생지옥이 될 수도 있음을.

삶이 묻는다.
"생각이 만들고 있는 것은 천국인가, 지옥인가?"

검색의 시대를 사는 우리는 언제부터인가 '생각하기'를 귀찮아하고 '생각하기'를 매우 어렵고 재미없는 것으로 치부한 결과, 지금은 '생각이 부재하는 시간'의 비중이 하루 중 꽤 많아졌다.

생각 없이 사는 사람도 있나, 반문하고 싶다. 맞다. 생각 없이 사는 사람은 없다. 그러나 생각의 기능에 맞게 생각을 하며 사는 사람은 그리 많지 않을 수도 있다.

진정한 생각이란 '헤아림의 시간', '집중의 시간' 속에서의 일이다. 예를 들면, 신문 한 장을 짧은 시간 스치듯 보는 것과 시간을 들여 집중해서 꼼꼼히 보는 것은 다르다. 둘 다 보는 행위를 한 것은 맞지만 진정한 보는 행위는 후자이다.

이렇듯 짧은 시간 순간적으로 이루어지는 것은—보는 것이든, 생각하는 것이든—수박 겉핥기에 불과하다. 껍질만 보고 알맹이는 보지 못하는 것과 같다. 그렇게 되면 수박을 제대로 알지 못하게 된다. 수박을 푸르스름하고 까만 줄이 가 있는 것으로만 알게 될 뿐, 빨갛고 단 수박의 참모습을 모르게 된다. 이러한 방식으로 사는 삶, 과연 생각하는 삶이라 할 수 있을까? 진정한 '생각하기'란 시간을 들여 하나의 주제에 집중해서 꼼꼼히 헤아리는 것이다.

생각다운 '생각하기'는 '창조하기'로 이어진다. 생각은 창조의 힘을 가지고 있다. 생각이 없는 창조는 있을 수가 없다. 관건은 생각의 기능에 맞게 생각을 하느냐에 있다.

물론 순간 스치는 생각이 위대한 창조를 일으키는 경우도 있다. 그러나 이 역시 평소에 '생각하기'를 거듭한 결과물이라고 볼 수 있다. 순간 스치는 생각은 영감이라고 할 수 있는데, 영감의 재료 역시 생각에 있기 때문이다. 깊은 생각은 영감을 불러오기도 한다.

지식을 검색할 순 있어도 지혜를 검색할 수 없는 것은, 참다운 지혜가 우리 안의 저 깊은 곳, 영감의 영역에서 나오기 때문이다.

모든 시간에 늘 뭔가를 하고 있는 우리, 과연 생각의 순기능을 제대로 활용하는 시간은 얼마나 될까?

세상살이는 지식으로 잘할 수 있을지 몰라도, 인생살이는 지혜가 아니면 잘하기가 어렵다. 또한, 지혜는 생각하고, 생각하고 또 생각하는 중에 나온다.

인간이 다른 동물과 구별되는 가장 큰 특징은 '생각하는 능력'에 있다. 그런데 우리는 점점 더 '생각을 사용하는 능력'을 상실해 가고 있다. 뇌에 관한 제한적 사용과 더불어 생각의 사용마저 한계를 갖게 된다면, 우리는 과연 무엇으로 인간이라 할 수 있을까.

'생각의 기능에 맞는 생각하기'를 습관화한다면 우리는 뇌의 사용 범위를 더 늘릴 수 있고, 본래 우리가 가지고 있으나 꺼내 쓰지 못하고 있는 잠재력을 더 극대화할 수 있다.

삶이 묻는다.
"생각은 언제 할 것인가?"
"생각하기, 어떻게 할 것인가?"

삶을 방문하는 그 어떤 상황도 우리의 생각보다 복잡하지 않다. 상황이 복잡해 보이는 것은 생각이 복잡하기 때문이다. 인생이 복잡하게 여겨지는 것도 생각이 복잡하기 때문이다.
생각이 복잡하면 모든 것이 복잡해진다. 머릿속이 복잡해서 머리 바깥세상이 복잡해 보인다.

생각이 많은 것과 생각이 깊은 것은 다르다. 여기 봤다 저기 봤다 하는 것과 한 곳만 유심히 보는 것이 다르듯이, 이 생각 저 생각을 옮겨 다니는 것과 한 생각에 머무는 것은 다르다.
대체로 '생각 많음'의 결과보다 '생각 깊음'의 결과가 질적으로 훨씬 좋다. 많게 하는 것과 깊게 하는 것은 기능적으로도 다르다. 좋은 생각은 시간의 양으로만 되는 것이 아니므로 충분하지 않은 시간이라 할지라도 몰입의 도움으로 얼마든지 가능하다.

'생각하기'를 너무 하지 않아서 문제, 생각을 잘 사용하지 못해서 문제, 늘 생각이 일을 꾸민다. 생각이 몸보다 먼저 사고를 친다. 생각이 나를 부정의 바다에 빠뜨리고 생각이 내 인생을 침몰시킨다. 물론 해결 역시 생각의 몫이다.

생각이란 자신(의식)이 스스로 만들 수도 있고, 저절로-무의식 때문에-만들어질 수도 있다. 우리가 자신의 생각에 대해 적극적으로 개입해야 하는 순간은 바로-자신에게 이롭지 않은-부정적인 생각이 올라왔을 때다.

우리는 자신의 생각을 자신의 뜻대로 잘 다루지 못할 때가 많고, 생각은 시시때때로 스스로 유린하고 가지고 놀기 일쑤다. 어떤 순간에는 생각에 대해 강력하게 주인 행세를 해야만 한다.

생각은 생각을 부른다. 좋은 생각을 해야 하는 이유다. 생각을 살펴야 하는 이유다. 생각을 생각해야 하는 이유다. 행위로 인생은 결정되지만, 그 행위를 결정하는 힘은 생각이다.

삶이 묻는다.
"생각을 생각해 본 적 있는가?"

생각의 재료는 무엇일까? 바로 기억이다. 기억의 재료는 경험이다. 경험이란 움직임이다. 결국, 인간은 움직임으로써 살고 움직임으로써 생각하고 움직임으로써 새로운 창조를 한다. 생각의 이면에 행동이 있다.

행동이 곧 생각을 낳는다.

생각은 하는 것이기도 하지만 '나는 것'이기도 하다. 분명한 것은 생각하는 것이든, 나는 것이든, 생각은 기억과 별개일 수가 없다는 점이다. 우리가 오늘 하루 최선의 편에 서야 하는 이유다.

위대한 생각을 하기 위해서 반드시 위대한 행동을 해야 하는 것은 아니다. 세상에서 가장 하찮은 행동이 세상에서 가장 위대한 생각을 만드는 일은 그리 놀랄 만한 일도 아니다. 하지만 바르지 못한 행동이 바른 생각으로 이어지는 경우는 거의 없다는 점도 잊지 말자.

우리가 오늘 하는—마음의 혹은 몸의—움직임은 모두 기억 창고에 저장된다. 그리고 우리는 기억 창고에 쌓인 정보들에서 결코 자유로울 수 없다. 우리가 하는 모든 것들은 생각의 씨앗이 된다. 훗날 기억으로 열매 맺게 될 생각의 씨앗, 오늘을 잘 살아야 하는 이유다.

삶이 묻는다.
"오늘 그대는 어떤 생각 씨앗을 뿌렸는가?"

❝ 사람들이 왜 새로운 생각을 두려워하는지 이해할 수 없다. 나는 오래된 생각이 두렵다.

– 존 케이지

모든 것을 지배하는 초인적인 힘

> "만일 운명이 존재한다면 자유란 불가능하다.
> 그러나 만일 자유가 존재한다면
> 운명은 없는 것이다.
> 나 자신이 곧 내 운명이다."

임레 케르테스의 소설 《운명》에 나오는, 이 문장에 한 표를 던지는 사람들이 대체로 운명의 도움을 더 잘 받는 것은 참으로 아이러니다. 운명의 신의 측면에서 보면 엄청나게 화가 날 듯도 한데, 그래서 오히려 인생을 더 가혹하게 할 것 같은데, 왜 운명은 이들에게 더 관대할까?

운명의 신은 어쩌면 더 선한 사람보다 더 강한 사람을 좋아하는 것은 아닐까! 이렇게 생각하기에는 강하지 못한 수많은 보통 사람들이 너무나 가엾다. 하지만 그렇다고 해도 운명의 신은 더 강한 사람에게 끌릴 거라는 짐작이 전혀 틀리다고는 못하겠다. 세상은 에너지의 법칙을 따르고, 인생도 에너지의 법칙을 따르며, 운명은 에너지의 작용이니까.

우주가 음과 양이라는 상반된 에너지의 작용으로 존재하듯이, 모든 존재물, 모든 삶 역시 서로 다른 두 에너지의 작용으로 전개된다.

운명은 인간의 힘이 아닌 초월적 힘이다. 인생이 인간의 뜻대로만 되지 않는 이유는 운명의 힘 때문이다.

많은 사람들이 잘못 알고 있는 것처럼, 운명은 도저히 어떻게 해 볼수 없는 것이 아니다. 그러나 운명의 계획은 반드시 실현되는 특징이 있다. 다만 그 내용적인 측면에서는 불변이 아니다. 예를 들면, 운명의 계획이 한 달 후에 겨울이 오는 것으로 정해졌다면 겨울은 반드시 온다. 그러나 그 겨울을 알몸으로 맞이할지 두텁고 따뜻한 털옷을 입고 맞이할지는 순전히 인간의 몫이다. 또한, 와야 할 겨울은 반드시 오되 온도와 부는 바람과 내리는 눈은 그때그때 다르다. 겨울은 오되 어떤 겨울을 보내느냐는 우리의 몫이다. 운명은 겨울을 만들고 인간은 겨울의 내용을 정하는 거라고 할 수 있다. 우리의 삶이 그렇다.

운명이 말한다. 인생에게.
"늘 같이 걸었지. 너의 곁에서."

인생이 말한다. 운명에게.
"늘 같이 걸었지. 너의 길에서."

자신은 오른쪽으로 가려고 하는 데 운명의 힘이 왼쪽으로 밀어붙일

이 순간에도 우리는—그것이 무엇이든—행위를 하는 중이다. 삶에서 모든 것은 행위의 결과이며, 행위에는 세 가지의 법칙이 있다.

행위는 '회귀의 법칙'을 따른다. 이는 우주의 법칙이다. 우주는 순환한다. 우주 안에서 모든 존재는 우주의 법칙을 따른다. 우주 안에서 모든 작용은 우주의 법칙을 따라 순환한다.

인간이 한 행위 역시 우주의 법칙을 따라, 인간을 떠나 에너지로 돌고 돌다가 반드시 인간에게 돌아온다. 그리고 그 법칙은 행위자가 세상에서 사라진다고 해서 소용없는 것이 아니다. 행위자가 세상을 떠나면, 행위자와 유전자 정보가 가장 일치하는 사람, 바로 그의 2세에게로 회귀한다. 우리가 행위를 잘해야 하는 첫 번째 이유다.

행위는 '복리의 법칙'을 따른다. 내가 한 행위는 에너지가 되어 세상을 돌고 돌아 다시 내게 돌아오게 되는데, 돌아올 때는 그 크기가 다르다. 복리의 법칙에 의해 더 크게 돌아온다. 예를 들면, 흥부는 제비의 다리를 고쳐 주는 작은 행위를 했을 뿐인데, 그 행위가 다시 흥부에게 돌아왔을 때는 말 그대로 대박이 되었다. 복리의 법칙이다. 우리가 행위를 잘해야 하는 두 번째 이유다. 내가 하는 선행도 악행도 다시 내게 돌아올 때는 더 크게 오니까.

행위는 '보존의 법칙'을 따른다. 내가 한 행위에 대해 누군가는 잊기도 하겠지만, 세상에서 완전히 사라지는 것은 아니다. 나의 행위는 에너지가 되어 세상 곳곳을 돌고 돌며 세상에 어떤 식으로든 영향을 미친다. 바닥에 뿌린 물이 사라지는 것이 아니라, 세상 곳곳을 돌고 돌며 세상에 영향을 미치다가 구름이 되어 다시 땅으로 돌아오듯이, 나의 행위 또한 그와 같은 법칙을 따른다. 우리가 행위를 잘해야 하는 세 번째 이유다.

행위의 시작은 생각과 감정이라고 할 수 있는데, 그것이 내 안의 일이어서 내 맘대로 될 것 같지만, 사실 가장 어려운 것이 바로–생각과 감정– 그것이다.

생각과 생각 사이, 감정과 감정 사이에 줄곧 갈등이 있고, 그때마다 생각이나 감정이 행위와 다 일치하는 것은 아니지만, 행위는 언제나 생각과 감정에서 비롯된다.

좋은 생각이 꼭 좋은 행위를 하게 하는 것은 아니다. 그러나 좋은 생각이 감정을 좋게 하고 행위를 좋게 하는 데 이바지하는 것은 맞다. 좋은 감정이 꼭 좋은 행위를 하게 하는 것은 아니지만, 좋은 감정이 생각을 좋은 쪽으로 이끌고, 행위를 좋게 하는 중요한 요인이 되는 것은 맞다.

생각과 감정은 행위를 결정하는 주요 원인이며 동력이다. 그러므로 좋은 행위를 위해서는 좋은 생각, 좋은 감정을 갖는 것이 좋다.

존재하는 자는 행위를 하고, 그 행위는 존재자의 모든 것을 정의한다. 당신은 지금 존재하는 중이다.

삶이 묻는다.
"너의 행위는 진정한 최선인가?"

" 우리는
덕성이나 뛰어남을 갖고 있기 때문에
바르게 행위 하는 것이 아니라,
우리가 바르게 행위 하기 때문에
그것들을 갖는 것이다.
- 아리스토텔레스

° 질문

알고자 하는 바를 얻기 위해 물음

"질문은 너의 심장을 다시 뛰게 할 거야!"

"이거 얼마에요?" 어떤 상품이 '내 것'이 되는 시작점이다.

"어디가 안 좋아서 왔어요?" 치료의 시작은 의사의 질문에서부터다.

"서울역에 가려면 어느 쪽으로 가야 하나요?" 질문을 하면 정확한 길을 알 수 있다.

"이 문제를 풀려면 어떻게 해야 하나요?" 질문을 하면 해답을 구할 수 있다.

묻지 않아도 길이야 찾아가겠지만, 묻지 않으면 걸음은 더뎌지고 길을 잃기도 하며, 게다가 도와주려는 사람도 없다. 내가 묻지 않았기 때문에 누구도 나에게 답을 해 줘야 한다는 생각조차 하지 않는다.

질문이 없으면 제대로 길을 가기가 쉽지 않다. 질문이 없으면 원하는 것을 제대로 얻기가 어렵다. 질문이 없으면 답을 구할 수가 없다.

질문 없이 산다는 건 그냥 산다는 것이고, 그냥 산다는 것은 습관적으로, 무의식적으로, 하던 대로 하고 살던 대로 산다는 것이다. 과연 더 나아지는 삶이 가능할까?

질문이 없는 삶이라는 건, 답을 찾지 않는 삶과 같다. 답을 구하려는 자가 가장 먼저 해야 할 일은 질문하기다. 질문과 답이 없을 때 성장은 멈추고, 길은 막히고, 막막해진다.

문제와 해답 사이에 '습관적 반응'과 '무의식적 반응'만이 있는 경우가 허다하다. 그러나 문제와 해답 사이에 질문이 있다. 아니 있어야 한다.

질문을 하면 진지하고 신중하게 충분한 시간 동안 '생각'이라고 하는 것을 해야 한다. 쉽지 않다. 진지함도, 신중함도, 충분한 시간도, 어느 것 하나 쉽지 않다. 그래서 우리는 답을 찾는 능력이 갈수록 떨어진다. 질문을 하지 않으면 답을 찾는 능력도 떨어진다. 질문 부재는 해답 부재로 이어진다.

우리는 너무 쉽게 답을 얻으려는 습관이 있다. 답을 얻으려는 마음만 있고 답을 찾으려는 마음은 없다. 그래서 질문을 하지 않고 느낌이 가라는 대로 가고, 짧고 순간적인 생각이 하라는 대로 한다. 대체로 그것은 답이 아닌 경우가 훨씬 더 많다. 인생에서 뜻대로 안 되는 일이 늘어나는 이유다.

질문을 하지 않으니 대답이 없고, 대답을 듣지 못하니 해답이 보이지 않고, 답이 없으니 그저 답답할 뿐이다.

성공의 비결을 알고 싶으면 질문을 해야 한다. 부자가 되고 싶은가?

그렇다면 먼저 질문을 해야 한다. 매일 해야 한다. 끝없이 해야 한다. 그러면 부자가 되는 길에 첫발을 내딛게 된다.

어떻게 해야 성공할 수 있을까? 마음이 이 질문을 떠나지 않으면 성공은 시간문제가 된다.

성자의 깨달음도, 갑부의 부유함도 끊임없이 반복한 질문에 의해 얻어진 결과다. 묻지 않고 어찌 알 수 있겠는가? 모든 시작은 질문으로부터다. 모든 결과도 질문으로부터다. 원하는 것을 손에 넣는 방법, 그것의 시작은 질문이다.

'나는 누구인가?' 이 위대한 질문으로부터 위대한 철학이 시작되었듯이, 우리가 원하는 모든 가치의 획득은 질문으로부터 시작된다. 목표 달성도, 위기 탈출도, 소원 성취도 그 시작은 하나의 질문을 던지는 것에서 출발한다.

질문을 하자. 귀찮고 수고스럽겠지만 그래도 하자. 질문을 하면─누군가를 통해서든─대답을 들을 수 있다. 그 대답 속에 해답이 있다. 질문은 해답으로 이어진다.

질문하자. 누군가는 대답을 할 것이다. 운이 좋다면 신의 대답을 들을 수도 있다. 그 대답들 속에 해답이 있다.

두드려라, 열릴 것이다! 질문은 두드림이다. 구하라, 얻을 것이다! 구함이 곧 질문이다. 질문을 하면 꽉 막혔던 길이 뚫리고, 질문을 하면 얻고자 하는 것을 얻을 수 있다. 묻고, 묻고 또 물어라. 닫혔던 문은 열리고 구하지 못했던 것은 얻게 될 것이니. 이것은 우주의 법칙이다.

삶이 묻는다.
"너의 인생에 가장 필요한 질문은 무엇인가?"

" 질문으로 파고드는 사람은
이미 그 문제의 해답을 반쯤 얻은 것과 같다.
– 프랜시스 베이컨

◇
◇

나이는 시간이 아니다

내 안에 있는 '오래된 나'에게
새로운 옷을 입힌다.
마음의 옷, 생각의 옷, 영혼의 옷…

내 안에 충만한 사랑을
세상에 내놓는 데에
나이가 무슨 걸림이랴.

/

PART 2

강 영 미

° 시간

'지금'만이 유효한 것

"너 그거 아니? 시간은 금이 아니라는 거."

시간과 시간 사이에서, 시간을 사용해 가며, 무언가를 하는 것, 인생이다. 금은 빌릴 수도 있고 다시 캘 수도 있지만, 시간은 그럴 수 없다. 목숨은 단 한 번 주어진다. 잃으면 끝이다. 고로 시간은 목숨이다.

빠르고 한계가 있으며 한 번 가면 다시는 오지 않는다. 그래서 아껴 쓰는 것이 당연하지만, 시간은 그럴 수도 없다. 지갑 속의 돈은 쓰지 않고 아껴 두면 그대로 있지만, 시간은 아끼든 낭비하든 줄어든다. 끊임없이 줄어든다. 시간의 무서움이다. 시간은 아끼고 싶어도 아낄 수가 없다. 어디서 무엇을 하며 어떻게 시간을 사용할 것인지, 그것을 잘해야 하는 이유다. 시간의 가치는 그것으로 정해지며 인생의 값도 대체로 비슷하다.

시간의 최초는 언제일까? 시간의 등장은 언제 이루어진 것일까? 누군가는 우주의 탄생과 함께 시간이 흐르기 시작했다 하고, 누군가는 빅뱅 이전에도 시간은 있었다고 주장을 한다. 그러나 그게 어쨌다는 것인가. 지금 이 순간에도 나의 시간은 빠르게 줄어들고 있는 것을. 그래서 언제나 '지금 이 순간을 잘살아야' 한다. 우리에게 시간이란 '지금'에만 유효하니까.

째깍째깍. 무엇인가 가는 소리, 무엇인가 오는 소리, 오늘이 가고 내일이 오는 소리, 고통이 가고 즐거움이 오는 소리, 기쁨이 가고 슬픔이 오는 소리, 언젠가 터질 폭탄을 재촉하는 소리, 숨겨져 있었던 것이 모습을 드러내는 소리, 존재물이 달라지는 소리, 변하는 소리.

시간에서 주목해야 할 점은 '변화'이다. 시간의 특징인 빠름, 한계, 두 번 다시 오지 않음, 그래서 아껴 써야 하고 귀하게 써야 한다는 되새김은 아무리 해도 지나치지 않지만, 시간의 본질적인 힘은 변화에 있다.

잘못된 것을 바로잡거나, 바른 것을 어긋나게 하거나, 혼돈을 질서로, 평화를 전쟁으로, 슬픔을 기쁨으로, 즐거움을 괴로움으로, 오늘을 어제로, 내일을 오늘로, 아기를 노인으로, 시간은 모든 것을 변화시킨다.

모든 존재물에 대해 시간의 유일한 목적은 변화에 있다.

볼 수도 없고, 들을 수도 없고, 만질 수도 없다. 그러나 우리는 시간이 흐르고 있음을 느낀다. 해와 달을 통해, 비와 눈을 통해, 주변의 변화를 통해 우리는 시간의 흐름을 느낀다. 변하는 것이 주변뿐일까, 시간 앞에서 예외란 없다. 오늘의 나와 어제의 나는 분명 다르지만 나는 느끼지 못한다. 그러나 그렇다고 해서 시간이 나를 그대로 둔 것은 아니다.

그 어떤 것도 시간 앞에서는 무력해진다. 그것이 설령 잔인한 운명이 계획한 지옥이거나, 영원한 천국의 약속이거나 시간은 아랑곳하지 않는다.

시간이 변화시키지 못할 것은 없다. 영원히 끝날 것 같지 않은 시련 앞에서 우리가 힘을 내야 하는 이유다. 영원한 시련은 시간이 허락지 않으니까.

어떠한 변화를 원한다면 시간의 도움을 받아야 한다. 그러기 위해서는 부지런함과 인내가 요구된다. 시간은 빠르다. 우리도 빨라야 한다. 시간은 시간을 들여 변화시킨다. 우리는 그때까지 인내할 수 있어야 한다. 시간이 아니면 변화는 일어나지 않는다. 변화의 절대 조건은 시간이다. 그러나 시간은 시간대로 사용하고서도 일어나야 할 변화가 일어나지 않는 경우가 있다. 시간은 움직였는데 자신은 움직이지 않았을 때, 원하는 변화는 일어나지 않는다. 혹은 시간보다 성급했을 때, 인내 싸움에서 시간에게 졌을 때도 유익한 변화는 일어나지 않는다.

삶이 묻는다.
"너는 어떤 변화를 원하는가?"

우리가 소비하는 시간의 내용을 보면 본능적인 욕구를 해결하는 데 가장 많이 사용하고 있음을 알 수 있다. 먹고 자고 싸는 데에는 특별히 노력하지 않아도 시간이 저절로 쓰이며 삶의 여러 문제는 그 부분에서 발생하기도 한다. 시간을 그곳에 지나치게 많이 사용할 때.

시간은 시기에 따라 사용법이 달라져야 한다. 어릴 때는 놀 시간이 가장 중요하다. 그러나 요즘 아이들에게 놀 시간이란 생후 고작 몇 년에 불과하다. 이것은 개인적으로도 사회적으로도 매우 불행한 일이 아닐 수 없고, 사회의 여러 문제는 여기에 그 원인이 있는 경우도 많다. 인생의 구간마다 그에 알맞은 시간 사용법이 요구된다. 그것을 잘해야 한다.

행복한 삶, 어떻게 해야 할까? 시간을 마련해야 한다. 사랑할 시간, 자기 성장을 위한 시간, 생각할 시간, 배려와 친절을 베풀 시간, 웃을 시간, 나 자신과 주변을 돌아볼 시간, 이해하고 용서할 시간을 마련해야 한다.

시간의 사용이 균형과 조화를 이루지 못할 때 삶도 균형을 잃고 흔들린다. 그런데 우리가 시간을 사용하는 것일까, 시간이 우리를 사용하는 것일까? 우리가 시간을 사용하여 뭔가를 하려고 할 때, 시간은 우리를 사용하여 이 세상에 뭔가를 하려고 하는 것은 아닐까? 시간은 우리를 언제 어디에 어떻게 사용하려고 이곳으로 우리를 데려온 것일까?

삶이 묻는다.

"너는 시간에게 어떤 쓰임이 될 것인가?"

시간은 가지도 오지도 않는다. 오고 가는 것은 우리다. 그래서 우리는 시간을 기억하지 못하지만, 시간은 우리의 모든 것을 기억한다. 현생의 마지막 순간까지 최선을 다하고 인생에 예의를 다해야 하는 이유다.

자신의 인생에게 미안할 짓을 줄이는 것, 그것이 시간에 대해 우리가 가져야 할 예의다. 시간에 예의를 갖추고 시간의 손을 잡으면 원하는 것을 좀 더 수월하게 얻을 수 있지 않을까? 그것은 시간의 힘이며 배려이다.

삶이 묻는다.
"시간의 기억 속에 너는 어떤 사람인가?"

" 지금이야말로 일할 때다.
지금이야말로 싸울 때다.
지금이야말로
나를 더 훌륭한 사람으로 만들 때다.
오늘 그것을 못하면
내일 그것을 할 수 있는가.
- 토마스 아 켐피스

°고정 관념

당연한 것으로 굳어진 생각

"변하지 않는 것은 아무것도 없다."

우주 안에서 변하지 않는 진리는 오직 하나밖에 없다. 변하지 않는 것은 아무것도 없다는 진리, 그 하나뿐이다. 모든 것은 변한다. 그렇다면 생각의 잣대도 변해야 한다. 어제의 잣대로 오늘을 재려고 하는 것은 이미 시작부터 값이 틀린 셈이니까.

'인간은 하늘을 날 수 없다.' 인류가 아직도 이 고정 관념을 버리지 못했다면 하늘엔 지금도 새들만 날고 있을 것이다.

'토끼는 나보다 빨라. 나는 토끼를 이길 수 없어.' 거북이가 이런 고정 관념에 빠져 있었다면 평생 토끼를 이길 수 없었을 것이다. 토끼와 달리기 시합을 하려는 생각조차 못 했을 것이고, 그것은 도저히 이길 수 없는 상대라고 하더라도 어쩌다 이기게 되는 우연한 행운마저 미리 차단해 버리는 매우 어리석은 짓이다.

끊임없이 새로운 것이 쏟아져 나오는 시대, 우리의 생각도 끊임없이 새로운 잣대를 만들어 내야 이 시대에 적응할 수 있다. 고정 관념은 새로운 문화, 새로운 상품, 새로운 변화를 거부하게 한다. 고정 관념을 버리지 못하면 시대의 흐름을 따라갈 수 없다. 고정 관념이라는 잣대를 품고 시대의 한복판에 서 있는 사람은 시대의 버림을 받게 된다.

고정 관념은 창조를 가로막는다. 하면 될 일을 시작도 못 하게 만든다. 창조의 시대라는 것은 고정 관념과 정반대의 사고방식이 요구되는 시대라는 걸 의미한다. 지금이 그러한 시대다.

고정 관념은 우리의 손과 발을 묶고 인생까지 묶는 질기고 단단한 밧줄, 이제는 그 밧줄을 끊어야 한다. 그것은 풍요와 빈곤이 걸린 문제다. 불행과 행복이 걸린 문제이며 삶과 죽음이 걸린 문제다. 지금은 고정 관념에 대해 과감한 결단을 해야 할 때이다.

뇌에 망각의 물을 부어야 한다. 어제의 생각을 잊어야 오늘에 알맞은 새로운 생각을 할 수 있으니까. 지금은 잘 잊는 것도 요구되는 시대다.

가슴에 결단의 불을 지펴야 한다. 활활 타오르는 불길에 고정 관념을 모조리 던져버려야 한다. 열정으로 살자. 뜨겁게 살자.

고정 관념은 깨뜨리고 버려야 한다. 그러나 우리는 자신이 가지고 있는 고정 관념이 어떤 것인지, 얼마나 가졌는지를 모른다. 고정 관념에서 해방되기, 시작은 자기 탐색에서부터 아닐까.

삶이 묻는다.
"너의 고정 관념을 너는 아는가?"

> **"** 고정 관념이 사람을 멍청이로 만든다.
> – 정주영

˚ 선입견

이미 마음속에 가지고 있는 고정 관념

시작도 하지 않은 게임의 결과를 미리 정해 놓고 자기 판단이 틀림없다고 우긴다면, 얼마나 위험한가? 선입견의 위험성이다. 선입견은 틀릴 확률이 높고 위험하다.

선입견은 빠르다. 판단도 결정도 선입견이 가장 빠르다. 선입견은 과거의 견해다. 당연히 현재를 재는 잣대로는 부적절하다. 그래서 오류가 많다. 그러나 오류의 깨달음은 언제나 늦다.

선입견은 의식의 판단 작업에 가장 먼저 끼어드는 생각의 촉새라고 할 수 있다. 자세히 관찰할 생각도 없고, 더 살펴볼 생각도 못 하게 하며, 이미 그렇다고 믿어 온 의견을 정답이라 여기고 서둘러 판단해 버린다.

선입견은 어떤 대상에 대하여─그 대상의 진짜 모습과 상관없이─'이것은 이렇다!'라고 이미 정의해 놓은 그대로만 볼 뿐이다. 그러나 조금만 더 지켜보면 그 대상은 다른 모습을 보여주고, 조금만 더 살펴보면 '이것은 그렇다!'라고 이미 정의해 놓은 것과는 다른 사실을 발견하게 된다.

'내가 알고 있는 것이 전부가 아닐지 몰라.'
'내가 보지 못한 다른 뭔가 있을지도 몰라.'
'그동안 달라진 점이 있을지도 몰라.'

선입견은 이럴 겨를이 없다.

우리는 누구에 대해서도 무엇에 대해서도 겉만 보고서는 알 수가 없다. 그런데 어떻게 '이것은 이렇다!'라고 미리 단정할 수 있을까? 세상의 모든 것은 변화한다. 그런데 어떻게 '이것은 이렇다!'라는 예전의 견해를 고집할 수 있을까? 가끔은 판단이 느려도 좋다.

선입견이 판단을 결정하기 전에 일단 멈춰야 한다. 선입견과 판단 사이에 최대한 시간을 벌어야 한다. 그리고 살피고 관찰해야 한다. 최대한 자세히, 최대한 빠르게.

삶이 묻는다.
"이미 가지고 있었던 너의 생각,
그것을 생각해 볼 생각은 없는가?

" 자네들의 눈과 귀를 그대로 믿지 말게.
눈에 얼핏 보이고 귀에 언뜻 들린다고 해서
모두 사물의 본 모습은 아니라네.
― 박지원

° 편견

공정하지 못하고 한쪽으로 치우친 생각

한쪽으로 기울어진 배를 그대로 두면 침몰한다. 한쪽으로 치우친 생각을 그대로 두면 생각이 침몰한다. 균형을 이루지 못하면 흔들리게 되고, 균형이 한쪽으로 완전하게 무너지면 침몰한다. 손을 대야 한다. 바르게 세워야 한다.

편견은 힘의 균형이 완전하게 무너진 시소에서 공중에 붕 뜬 상태와 같다. 언제 떨어질지 모르는 위험하고 불안한 상태. 편견의 상태는 그와 같은 상태다.

편견은 위험하다. 인간관계나 사회생활 등 삶의 모든 면에서 편견은 위험하다. 편견이 잘하는 것이라곤 어느 한 부분을 가지고 그것이 전체라고 우기는 것뿐이다.

편견은 비판과 오류를 낳는다. 전체를 보지 못하니 당연하다. 부분을 보고 전체라고 우겨대는 사람에게 상대가 할 수 있는 대응은 둘 중 하나다. 자신도 계속 우기거나 아니면 무시하거나. 무엇이든 서로 좋을 리가 없다. 편견은 인간관계를 깨뜨리는 부정적 관념이다.

인간은 제도적으로 편견의 존재가 되기 쉽다. 교육이 그렇고 정책이 그렇다. 우리는 자주 생각을 버리는 연습을 해야 한다.

삶이 묻는다.
"편견은 너에게서 무엇을 앗아 가는가?"

    " 진실의 최대의 벗은 시간이며, 최대의 적은 편견이다.
– 아인슈타인

관습은 어떤 집단에서 오랫동안 되풀이되어 온 집단적 행동 양식으로, 같은 집단에 있는 구성원들은 그 집단 고유의 관습을 지니고 있다. 관습은 일종의 집단적 상식이며, 그 집단의 구성원들은 관습에 의존하는 경향이 강하다.

선입견이 굳어지면 편견이 된다. 편견은 가장 삐뚤어진 고정 관념이다. 이 모든 부정적인 사고방식을 '관습적 사고'라 부르며, 우리는 누구나–정도의 차이는 있지만–관습적 사고를 지니고 있다.

관습적 사고는 집단 구성원들에게 대를 이어 전해진다. 관습적 사고로 얻어지는 모든 결론은–최소한 그 집단에서만큼은–상식이며 진리이고 기준이 된다. 고정 관념에 사로잡힌 사람, 선입견에 빠진 사람, 편견에 치우친 사람, 이들이 자신의 견해를 끝까지 고집하는 이유다.

고정 관념이나 편견이나 선입견은 신념이 있기에 가능해진다. 신념이 없는 사람에게 고정 관념이나 편견이나 선입견이 생기기는 어렵다. 신념의 부정적 효과가 관습적 사고이다. 고정 관념이나 편견이나 선입견은 모두 신념의 자식들과 같다. 조금은 못되고 삐뚤어진 자식들.

신념은 생각과 행동의 방향을 가리키는 나침반과 같다. 우리는 나침반이 가리키는 방향으로 움직이는 것이 편하고 안전하다. 그러나 부정적인 신념은 고장 난 나침반이다. 당연히 그 방향대로 가면 길을 잃고 헤매게 된다.

관습적 사고는 집단 구성원들의 신념으로 만들어진다. 고정 관념이든 편견이든 선입견이든 그것은 일종의 신념이다. 다만 부정적인 신념이다. 부정적인 신념은 깨뜨려야 한다.

부정적인 신념을 깨뜨리는 데 가장 방해가 되는 것은 무엇일까? 인정하기 싫은 마음이다. 자신이 그동안 의지해 왔던 방식이 틀렸다는 것을 인정하기란 누구에게나 쉬운 일은 아니다. 또 하나는 편리함에 기대는 마음이다. 어떠한 정보가 옳은지 틀렸는지 알아보려면 당연히 수고를 해야 한다. 그런데 그것이 불편하다. 차라리 원래 그럴 거라고 믿고 있는 생각에 의존하는 것이 편하다. 그것이 편하다. 이것저것 따지는 것이 우리는 매우 불편하다.

예전에는 이러한 부정적인 신념들로 인한 폐해가—지금보다는—크지 않았다. 시대의 흐름이 느렸고 변화의 폭도 좁았으며 삶에 영향을 미치는 요소 또한 다양하지 않았기 때문이다. 그래서 예전에는 어떠한 부정적인 생각의 잣대가 지금보다는 위협적이지 않았다. 그러나 지금은 시대 변화의 속도가 너무 빠르다. 굳은 생각, 치우친 생각, 미리 단정 짓는 생각(관습적 사고)은 위험하다.

관습적 사고에 얽매이면 눈이 가려진다. 새로운 것을 볼 수가 없다. 새로운 희망, 새로운 기회, 새로운 요소들이 보이지 않게 된다. 삶은─실패나 곤란한 상황을 통해서─시시때때로 우리를 깨우치려고 한다. 그러나 관습적 사고의 속박에서 벗어나지 못하면 깨우침이 일어나지 않는다.

관습적 사고는 유전이 되고 전염된다. 그리고 그것은 나를 있게 해 주고 나를 사랑해 주는 내 가족으로부터 시작된다. 우리는 관습적 사고에서 자유로워지려고 시도해야 한다. 우리가 우리의 손으로 후손들의 발목을 잡는 짓은 이제 멈춰야 한다. 우리의 의식은 열려야 한다.

관습적 사고는 다른 좋은 의견을 받아들이지 못한다. 이미 가지고 있는 '굳어진 자기 의견'이 가장 옳다고 믿기 때문이다. 그래서 창조성을 갉아먹는다. 해 보면 가능할 무수히 많은 발견과 발명들을 미리 불가능의 올가미에 가둬버린다. 때로는 행운의 여신이 가까이 다가와서 주는 기회를 걷어차기까지 한다.

자신이 보고 들어왔던 것들, 자신이 해 왔던 것들, 자신이 살아왔던 방식이 만들어 내는 관습적 사고는 자신을 우물 안 개구리로 만들고, 다른 세상이 있음을 보지 못하게 하고, 다른 세상이 있음을 믿지 못하게 한다. 그래서 더 풍요로워질 기회, 더 성공할 기회, 더 행복할 기회를 얻지 못하게 된다. 실상 기회를 만날 기회 자체를 만나지 못한다.

관습적 사고는 생각의 폭탄과 같다. 모든 좋은 생각을 파괴하는 폭

탄. 모든 기회를 오기도 전에 파괴하는 폭탄. 이제는 폭탄을 제거해야
할 때가 왔다.

모든 문명, 모든 문화, 모든 물건 등 새로운 가치는 누군가가 용기 있
게 고정 관념이나 선입견이나 편견을 깼기 때문에 탄생할 수 있었다. 우
리도 그것을 할 수 있다. 아니 우리는 해야만 한다.

"해 보기나 했어?"
고 정주영 회장의 트레이드 마크였던 이 말 속에 그 정답이 있다.
일단 해 보는 것, 관습적 사고방식이 자꾸 벽을 만들더라도 '일단 해
보는 것', 다른 각도에서 보려고 해 보는 것, 그럼에도 불구하고 해 보는
것, 그것이 정답이다.

고정 관념, 선입견, 편견 이것은 오류의 관념이다. 파괴의 관념이다.
여기에 의존하기를 그만두지 못하면, 우리는 계속 잘못된 판단을 할 것
이고 인간관계는 파괴될 것이다. 관습적 사고의 가장 큰 피해자는 자기
자신이다.

삶이 묻는다.
"너의 생각이 맞아? 진짜 맞아?"

❝ 관습은 법만큼 현명하지 못할지 모른다.
그러나 관습은 법보다 훨씬 보편적이다.
– 벤저민 디스레일리

가늠할 수 없는 크기, 한계의 끝이 어디인지 짐작조차 할 수 없는 폭발력, 빅뱅을 일으킬 수 있는 강력한 힘, 반복의 법칙은–특별한 재주나, 엄청난 스펙이 없어도–새로운 인생 창조의 환희를 맛볼 수 있는 매우 확실한 방법이다.

삶이 묻는다.
"너는 무엇을 반복하는가?"

" 인생은 지긋지긋한 일의 반복이다.
– 앨버트 허버드

° 수치심

스스로 부끄러워하는 마음

수치심은 자신의 부끄러워할 만한–생각이나 행동의–내용 때문이 아니라 타인이 그것을 알게 되었을 때 느끼는 감정이다. 아무리 부끄러운 짓을 했다고 하더라도 남이 내가 한 짓을 모르면 우리는 수치심을 느끼지 않는다.

우리 국민은 '나'가 중심이 되는 개인주의가 아닌 '우리'가 중심이 되는 집단 문화에서 살아왔다. 그 때문인지 우리는 지나치게 타인을 의식한다. 우리의 선조들이 목숨처럼 여겼던 '체면'이나 '격식' 그리고 '예의'와 '자존심'은 모두 타인을 의식하는 데서 생겨나는데, 이 중 특히 체면은 수치심과 매우 밀접한 관계에 있다. 체면을 지나치게 따지다 생겨난 것이 '수치심 문화'이며, 허영심 문화의 대표 상품인 명품백 역시 체면이 낳은 부산물이다.

수치심은 타인 중심적 정서로, 이는 집단주의 문화권 나라의 국민들에게서 많이 나타난다. 즉 수치심은 집단주의 문화의 산물인 셈이다. '나'와 '너'가 아닌 '우리'라는 집단주의 문화에서는 자연스럽게 타인을 의식하게 되는데, 수치심의 조건 중 타인은 절대적이다. 만약 무인도에서 혼자 산다면 굳이 수치심을 느껴야 할 필요가 없다.

누구에게나 인생의 주체는 자기 자신이다. 그러므로 자신의 인생에서 절대적 잣대는 타인이 아닌 자기 자신이 되어야 한다. 남이 어떻게 생각할까, 자꾸 타인이 의식돼서 자신이 하려고 했거나 해야 할 뭔가를 하지 못하는 일이 자주 반복된다면, 그것은 내가 내 인생을 사는 것이 아니라, 내 인생에 대해 타인에게 감독을 맡기는 것이나 다름없다. 수치심의 기능이 잘못되면 이런 일이 일어날 확률은 매우 높아진다.

수치심은 그 중심에 타인이 있다. 사람과 사람이 어울려 살아감으로써 삶이 완성되는 인간 사회에서 공중도덕이나 기본 예의범절 그리고 규칙이나 질서는 당연히 지켜야 한다. 그리고 인간으로서 인간다움 또한 지키려 노력해야 옳다. 그러한 것들을 어겼을 땐 당연히 부끄러워해야 한다. 그러나 지나치게 타인을 의식해서 느끼는 괜한 수치심은 극복하는 것이 좋다.

타인을 의식하여 생겨나는 수치심은 자신도 모르게 자신을 무시하게 만든다. 자신의 의견을 무시하고, 하려고 했던 행동을 하지 못하게 한다. 그리고 그로 인한 폐해는 고스란히 자기 자신에게 돌아온다. 이 얼마나 황당한 일인가? 타인은 가만히 있는데 괜히 혼자 타인을 의식하여 자기 자신을 괴롭히다니. 정말 부끄러운 짓을 한 경우가 아니라면—때로는 설령 부끄러운 짓을 했다고 하더라도-타인을 의식하는 그 마음부터 무시해야 한다.

수치심은 원래 인간을 인간답게 해 주고, 인간에게 필요한 공동체 정신을 지켜 준다. 사회적으로 인간에게 도움되는 것이 본래 수치심의 순기능이다. 건강한 수치심은 실제 우리에게 많은 도움을 준다. 문제는 그 반대의 경우다.

별일도 아닌데-괜히 타인을 의식해서-스스로 만들어 내는 건강하지 못한 수치심은 자신의 인생을 방해한다. 하고 싶은 것을 못하게 하고, 해야 할 것을 못하게 하여 자기가 자기의 길을 스스로 가로막게 하는, 인생에서 강력한 훼방꾼이 된다.

수치심은 자꾸만 도망치게 한다. 아무도 없는 곳, 남의 시선이 미치지 못하는 깊은 구석으로 숨게 한다.
건강한 수치심은 우리의 인간다움을 지켜 주지만, 그렇지 못한 경우 수치심은 우리의 성장을 방해하고 행복을 깎아 먹는 마이너스 작용을 한다.

수치심은 우리 안에서 일어나는 마음이다. 마음의 주인은 우리 자신이다. 당연히 수치심의 주인도 우리 자신이다. 수치심에 조종당하며 고통스러워하는 자신을 구할 수 있는 사람은 자기 자신뿐이다.
수치심으로부터 자신을 구하자. 수치심을 내버려 두지 말고 수치심을 조종하는 삶을 살도록 하자. 마음의 주인으로 살자.

수치심은 사실 나쁜 것이 아니다. 인간으로서 부끄러움이 없다면 그게 어디 사람이라 할 수 있을까? 자신의 수치심을 부끄러워할 필요는 없다. 정작 부끄러워해야 할 사람은 수치심을 모르는 사람들이다. 진짜 부끄러운 것은 부끄러워해야 마땅할 때 부끄러워하지 않는 것이다. 진짜 수치스러운 상태는 수치스러워해야 할 때 수치심이 부재한 상태다.

수치심은 적이 아니다. 수치심의 목적은 인간을 인간답게 하려는 데 있다. 수치심은 나쁜 것이 아니다. 수치심은 오히려 좋은 것이다.

수치심을 반드시 물리쳐야 할 적으로 여기지 말자. 수치심이 올라오거든 '그래, 그럴 수 있어!', '그래, 부끄러우면 부끄러워하자!' 하며 인정하고 받아들이자. 수치심 때문에 해야 할 것을 멈추었던, 부정적 습관을 멈추자. '부끄럽지만 부끄러우면 부끄러운 대로 그냥 하자!', '얼굴이 빨개지는구나. 빨개지면 빨개지는 대로 그냥 하자!' 이렇게 '그럼에도 불구하고 하는 시도'를 해 보자.

부끄럽지만 그럼에도 불구하고 하자! 이것이 수치심을 극복하는 행동 지침이며 수치심을 잘 사용하는 방법이다. 물론 어떤 수치심의 경우 전문가에게 치료를 받는 것이 좋다.

수치심도 중독이 된다. 수치심이 올라오는 상황에서 '그럼에도 불구하고 해 보기'를 시도하지 않으면 수치심의 중독에서 벗어날 수 없고, 수치심의 감옥에서 풀려날 기회는 점점 멀어진다.

하자. 수치스러워도 하자. 얼굴이 빨개지면 빨개지는 대로 하자. 떨리면 떨리는 대로 하고, 다리가 후들거리면 후들거리는 대로 하자. 그럼에도 불구하고 하자.

수치심이 우리를 조종하고, 수치심이 우리의 행동을 결정하고, 이제 그만 멈추자. 이제부터는 우리가 수치심을 조종하고, 수치심 이후의 행동을 우리가 결정하자. 우리는 각자 자기 인생의 주인이니까.

삶이 묻는다.
"네가 수치심의 주인인가, 수치심이 너의 주인인가?"

" 수치심은 모든 덕德의 원천이다.
\- 토마스 칼라일

조심하지 않아서 잘못함

"누가 그러더라.
세상에서 제일 폭력적인 말이
남자답다, 여자답다, 엄마답다, 의사답다,
뭐 이런 말이라고.

그냥 다
처음 살아 보는 인생이라서 서툰 건데,
그래서 안쓰러운 건데,
그래서 실수 좀 해도 되는 건데…"

드라마 〈괜찮아, 사랑이야〉에 나오는 안심이 되고 따뜻해지는 대사
다. 마치 할아버지가 어린 손자의 축 처진 어깨를 토닥이듯, 언 마음이
저절로 녹는다. 힘이 난다.

실수에 대해 지나치게 예민하거나, 지나치게 걱정을 하거나, 겁을 먹

거나, 이미 한 실수에 오래도록 발목이 붙들려 있는 경우가 있다. 진짜 실수다.

실수에 대한 가장 큰 실수는, 실수를 실패로 규정짓는 것이다. 금방이라도 하늘이 무너질 것처럼, 인생에 더는 답이 없는 것처럼, 실수의 의미를 확대하는 것, 그것이야말로 진짜 실수다.

실수는 결과가 아니다. 실수보다 더 심각할 수밖에 없는 실패마저 결과가 아니라 과정인 것을, 아무리 큰 실수라고 한들 어찌 끝이라고 할 수 있을까.

실수는 언제든 누구든 할 수 있다. 삶에 절대 있어서는 안 되는 것이 아니라, 실수는 삶의 당연한 일부분이다. 반가워할 것은 아니지만, 실수도 삶을 구성하는 중요한 축이 된다.

실수는–대처하는 방법에 따라서–삶에 큰 이로움이 되기도 한다. 실수에서는 한 이후가 중요하다. 그때 어떻게 하느냐에 따라 긍정의 씨앗으로 변할 수도 있고, 진짜 실수가 될 수도 있다.

실수는 에피소드를 낳는 생산적 행위다. 손해는 1회지만 에피소드는 다양한 곳에서 긍정적 소재로 활용할 수 있고, 그로 인해 얻을 수 있는 이득은 얼마든지 많다. 실수가 우리에게 주는 선물은 살아가는 내내 이어진다. 다만 마음의 태도가 따라 줘야 한다.

실수는 교훈을 낳는다. 우리는 교훈 덕분에 실수를 줄여 갈 수 있고 더 큰 손해를 피해 갈 수도 있다. 실수는 나쁜 것이 아니다. 인생을 근

시안적으로 보면 실수는 손해이고 안 좋은 것이지만, 넓은 시야로 보면 실수는 오히려 이익을 가져다주는 좋은 경험이 된다.

실수는 괜찮다. 이미 한 실수를 어떻게 할 것이냐, 이것만이 중요할 뿐이다.

실수를 하지 않기 위한 사전 작업도 중요하지만, 진짜 중요한 것은 실수 이후에 어떻게 대처하느냐이다. 실수를 실수로만 받아들이는 실수, 그것이야말로 최악의 실수다.

실수에 겁먹지 말자. 실수하면 어쩌나, 미리 걱정도 하지 말자. 그리되면 우리는 아무것도 시도할 수 없게 된다.

해야 할 것이 있다면 하자. 실수, 하게 되면 하자. 실수에 발목 잡히지 말자. 실수를 실수로 끝맺지 않으면 실수는 승리하는 인생을 위한 멋진 훈수가 될 수도 있다.

삶이 묻는다.
"너 인생 몇 번째 사는 거니?"

" 실수란 없다.
오직 기회들만 있을 뿐.
– 티나 페이

° 자존심

자신의 가치를 지키는 마음

"자존심의 희생 없이
네가 얻을 수 있는 건 많지 않아."

　자존심을 지키는 일, 그것은 어느 시대에나 참 민감한 부분이었지만, 요즘엔 경쟁이 더 치열해지고, 더 적극적으로 드러내고 알리는 시대의 특성상, 비교할 일은 더 많아지고 더불어 자존심 상할 일도 더 많아졌다. 자존심을 지키며 산다는 게 더 어려워진 시대다.
　"자존심을 건드려서…"
　너무나 쉽게 자존심을 건드리고, 너무나 쉽게 자존심이 상한다. 지금 이 시대가 그렇다. 지금 우리가 그렇다. 그 결과 '자존심 범죄'는 점점 늘어나고 그럴수록 사람들은 자존심에 더 예민하고 날카롭게 반응한다.

　자존심을 지키느냐 못 지키느냐, 이것은 두 가지 측면에서 고민을 해봐야 하는 문제다. 인간적 자존심과 사회적 자존심이 그것으로, 인간적 자존심 측면에서 자존심을 지키는 가장 좋은 방법은 남과 비교하지 않고, 있는 그대로의 자신을 존중해 주는 것이다. 사회적 자존심 측면에서 자존심을 지키는 가장 좋은 방법은 인간관계와 자기만족에 있다.

남과 비교하지 않으면 자존심 상할 일이 없고, 인간관계가 좋으면 나에 대한 타인의 평가에서 긍정적 도움을 받을 수 있으며, 자기만의 기준을 설정하고 자기 자신의 만족도를 높이면 자존심의 공격으로부터 안전하게 지킬 수 있다.

'어떻게 하면 자존심을 지킬까?'
'어떻게 하면 자존감을 높일까?'

누군가는 이런 고민을 하고, 누군가는 이것으로 돈을 벌기도 하니, 자존심이라는 게 참 여러모로 우리의 심기를 불편하게 한다. 그러나 자존심에 관한 여러 방법을 익히는 것도 좋지만, 그보다는 자존심에 대한 접근을 달리하는 것이 좋다.

이기는 방법을 많이 아는 사람보다 이기고 지고에 초월한 사람이 이길 확률이 더 높듯이, 자존심에 관한 방법을 많이 아는 사람보다 자존심에서 자유로워진 사람이 자존심으로 인한 스트레스에서 해방될 확률이 더 높다.

자존심이 상하고 마음의 상처를 입는 이유는 내가 나의–생각이나–감정에 끌려다니기 때문이다. 생각이 부정적으로 흐를 때는 제동을 걸어야 하는데 그러지 못한 채–내 생각에–질질 끌려다니고, 감정이 상할 때 감정 전환을 시도해야 하는데 그러지 못한 채–내 감정에–휘둘리기 때문

몸의 수고와 마음의 수고를 다함

"너의 노력을 너의 시간은 다 기억할 거야."

우리는 아주 어렸을 때부터 알고 있었다. 노력의 필요성을. 그리고 좀 더 자랐을 무렵 우리는 노력의 중요성까지도 알았다. 다만 우리는 노력의 절대성에 대해서 진지하게 생각해 보지 않은 채 어른이 되었다.

이 사회는 노력하지 않아도 얻을 수 있는 방법이 있다고 유혹을 한다. 예를 들면 수많은 종류의 복권들과 도박들이 그렇다. 그러나 분명한 사실은 세상의 뜻이 다르다는 점이다. 세상은 말한다. 원하는 가치를 얻을 수 있는 유일하고도 가장 확실한 방법은 노력뿐이라는 것을.
노력이 가치 획득을 위한 절대적 조건이라는 사실을 우리는 종종 잊고 산다.

세상의 모든 승리는 거의 예외 없이 노력의 승리다. 물론 어쩌다 노력의 승리가 아닌 운의 승리인 경우도 있지만, 그런 승리마저도 결국 노력이 받침 되지 않으면 결코 오래갈 수도 없고 반복되는 경우는 더더욱 없다. 행운은 반복되지 않는다고 하지 않던가.

행운을 부르는 가장 확실한 방법은 노력이다. 노력은 행운의 여신이─자신을 부르고 있다는 것을─알아차리기 가장 쉬운 신호이다. 노력이 재능을 이기는 이유이다.

갖고 싶어 하는 것을 갖게 하고, 되고 싶어 하는 사람이 되게 하며, 가고 싶어 하는 곳을 가게 하는, 노력은 원하고 바라는 소망을 현실적으로 경험할 수 있게 해 주는 절대적 힘이다.

사랑은 운명이라고 할지라도 그 사랑을 유지하고 행복할 수 있는 것 역시 노력이 요구된다. 인생사 모든 것이 그렇다.

사랑, 성공, 부자, 행복 등 우리가 인생을 통해 누리고자 하는 모든 좋은 것들은 노력이 아니고서는 불가능하다. 일시적으로는 노력의 도움 없이도 가능하지만 좋은 가치들을 충분히 제대로 누리기 위해서는 노력이라야 가능하다. 하는 만큼 얻는다. 하는 만큼 이루어진다. 하는 만큼 누린다. 이것은 인생의 법칙이요 노력의 약속이다.

삶이 묻는다.
"진짜 노력을 진짜로 하고 있는가?"

"노력한다고 항상 성공할 수는 없지만,
성공한 사람은 모두 노력했단 걸 알아둬!"

애니메이션 〈곰돌이 푸〉에 나오는 명대사처럼, 노력이 언제나 성공을 보장하는 것은 아니다. 그러나 어느 분야에서든 성공한 사람들은 예외 없이 노력한 사람들이다. 엄청난 노력을 한 사람들이다. 노력의 선악은 별개 문제지만.

때로는 노력이 배신하는 경우도 있다. 죽기 살기로 했는데 성과는 한없이 초라할 때가 있다. 그런 경우 그것은 노력의 잘못이 아니라, 다른 이유 때문일 확률이 높다. 노력은—운명이 가로막는 매우 특이한 경우가 아니라면—반드시 그 값을 하게 마련이다.

노력에는 대가와 보상이 따른다. 하지만 똑같은 노력이라고 해도 누군가에게는 그 결실이 늦을 수 있다. 물론 그렇다고 해도 언젠가 어떤 식으로든 열매는 맺게 되어 있다. 노력은 사실 배신을 모른다. 다만 가끔 누군가에게는 더 오랜 인내를 요구할 뿐이다.

하는 것, 노력은 '하는 것'이다. 노력의 기본은 '하는 것'이다. 열심히 하는 것이다. 꾸준히 하는 것이다. 반복적으로 하는 것이다. 어쩌다 한 번 하는 '열심'은 노력이 아니다. 잠깐 힘을 쏟는 것도 노력이 아니다. 노력은 시간을 먹고 자라는 나무라고 할 수 있다. 충분한 에너지를 충분한 시간 동안 유지(노력)했을 때 원하는 크기의 열매(대가)를 얻을 수 있다. 그것이 노력이다.

때로는 질적인 노력, 때로는 양적인 노력, 때로는 질과 양 함께 노력, 세상 모든 일이 그렇듯이 노력 또한 상황에 따라 집중의 방향이 달라

◇

◇

'나를 믿는 나'가 된다는 것

'나를 믿지 못하는 나'에서
'나를 믿는 나'로
다시 태어난다는 것이
얼마나 가슴 뛰는 일인지…
지금 내겐
그 기쁨이 필요하다.
내가 나를 믿는 기쁨!

곽 효 정

° 믿음

그렇게 될 거라고 여기는 생각과 마음

"넌 믿음이 가지 않는 놀이 기구 탈 수 있어?"

믿음이 가지 않는 다리, 건널 수 있을까? 믿음이 가지 않는 음식, 먹을 수 있을까? 믿음이 가지 않는 일, 할 수 있을까? 믿음이 가지 않는 사랑, 할 수 있을까? 믿음이 아니면 우리는—중요하다고 판단되는 일이라면 더—아무것도 할 수가 없다. 설령 한다고 해도 믿음 없이 하는 일은 과정도 결과도 좋을 리가 없다.

믿음이 없는 관계, 그 관계는 좋을 수도 오래갈 수도 없다. 믿음이 생기지 않는 일, 그 일은 잘할 수도 끝까지 할 수도 없다. 믿음이 없는 삶은 결코 풍요로울 수도 행복할 수도 없다. 무릇 믿음은—인생에서 매우 중요한—사랑과 성공의 기둥을 받치는 주춧돌이다.

믿음이 없이 올리는 기도, 이루어질 수 있을까? 믿음이 없이 품는 꿈, 성취될 수 있을까? 믿음이 없이 세운 목표, 달성할 수 있을까?

믿음이 없이는 열정도 생기지 않는다. 믿음이 없으면 하늘도 신도 도와주지 못한다. 믿음이 없이는 복도 오지 않는다. 믿음이 없는 노력은 헛수고가 될 확률이 높다. 믿음이 없는 희망은 이미 희망이 아니다.

> **❝** 당신이 할 수 있다고 믿든, 할 수 없다고 믿든,
> 믿는 대로 될 것이다.
> – 헨리 포드

꿈이 있는가? 있다면 그 꿈을 믿어라. 부자가 되고 싶은가? 그렇다면 부자가 될 수 있다는 믿음부터 확고히 하라. 행복을 바라는가? 그렇다면 지금 행복하다고 믿어라. 행운이 필요한가? 그렇다면 행운을 믿어라. 신의 도움이 필요한가? 그렇다면 신을 믿어라. 사랑하고 싶은가? 그렇다면 믿어라. 그 사람을 그리고 자신의 사랑을 믿어라.

꿈을 이루고 부자가 된 이들은 이렇게 말을 한다.

"꿈이 있다면, 부자가 되고 싶다면, 성공하고 싶다면, 무작정 믿고 무조건 믿으라."

또 이렇게도 말한다.

"그 믿음을 잘 간직하라!"

믿음은 밝고 강한 에너지다. 어둠 속에서도 그 빛을 잃지 않고, 위기 한가운데 서 있어도 절대 쓰러지지 않는다. 믿음이 부재하는 삶에 희망이 존재할 수 없다. 믿음이 상실된 삶에 성취가 있을 수 없다. 믿음이 사라진 삶에 풍요와 행복이 싹을 틔울 리 없다.

삶이 묻는다.
"너는 왜 너 자신을 믿지 못하는가?"

믿음 없이 산다는 건 싹을 틔우지 못할 씨앗을 뿌리는 것과 같다. 견고한 믿음이 깨지는 것, 믿음이 의심으로 바뀌는 것, 그것은 절망보다 위험하다. 믿음이 깨지면 관계도 깨진다. 믿음이 사라지면 사랑도 사라진다. 믿음이 깨지면 거래도 깨진다. 믿음이 사라지면 보장된 이익도 사라진다. 믿음이 깨지면 많은 것들이 깨지고, 믿음이 사라지면 많은 것들이 사라진다. 반대로 믿음을 살리면 모든 것이 산다. 깨지기는 쉬워도 회복은 어렵고, 없어진 것을 다시 있게 하는 것은 더더욱 어렵다. 때로는 믿음도 철저한 관리가 필요하다.

믿음이 있으면 뭐든 가능해진다. 그래서 우리는 믿음을 주기 위해 부단한 노력을 한다. 믿음은 인격의 문제가 아니라 사회 활동의 성패를 가늠하는 전략의 문제일 수 있다. 최고의 전략, 그것은 믿음이다.

삶이 묻는다.
"너는 왜 인생을 믿지 못하는가?"

믿음이 왜 중요한가. 믿음은 그저 마음의 문제에 머무는 것이 아니라 관계, 거래, 일, 사랑, 성취, 행동 등 인생 전반에 지대한 영향을 미치기 때문이다. 인간관계에서 믿음은 마음이며 사랑이다. 세상살이에서 믿음은 도구이며 수단이며 심지어 돈이다.

"우리의 여정은 위태로워졌고, 점점 이성을 잃어 갔지. 믿음은 의심으로 바뀌고, 희망은 미신이 되어 갔지."

영화 〈하트 오브 더 씨(In the heart of the sea)〉에 나오는 대사처럼 믿음은 평화로운 상황에서는 잘 지켜지지만, 상황이 위태로워지고 다급해지면 언제 그랬냐는 듯 순식간에 변한다.

믿음은 언제든 의심으로 변할 수 있다. 의심이 믿음으로 바뀌는 건 겨울이 여름이 되기만큼이나 어렵지만, 믿음이 의심으로 바뀌는 건 너무나 쉽다. 믿음이 의심으로 바뀌는 것이 반드시 위태롭고 혼란스런 상황일 때만 일어나는 것은 아니다. 아주 작고 사소한 것이 원인이 되어 한순간에 믿음이 의심으로 변질하는데, 인생에서 그런 믿지 못할 경험을 할 확률은 매우 높다. 믿음에 대해 때로는 담대해져야 하는 이유다.

특히 사회적인 관계에서는 믿음에 대해 절대성이 아닌 융통성을 갖는 것이 좋다.

믿음은 마음이기 이전에–어떠한 목적을 위한–도구요 수단이 될 수도 있다. 그것은 무엇을 의미하는가? 믿음은 필요하면 언제든 꺼냈다가 필요성이 사라지면 언제든 주머니에 다시 넣어 두는 물건과 같은 처지가 될 수도 있다는 뜻이다. 어떤 사람들은 믿음을 그런 식으로 사용한다. 그러므로 담대하자. 믿음에 대하여 안달하지도 일희일비하지도 말자. 믿음은 언제라도 생겨났다 사라지는 것, 믿음은 살 수도 팔 수도 있다는 사실을 명심하자. 최소한 사회적인 관계에서는 그렇다. 쓸쓸하지만 현실이다. 우리가 사는 세상에서는.

삶이 묻는다.
"너는 왜 너의 운명을 의심하는가?"

> **❝** 할 수 있다고 믿는 사람은 그렇게 되고
> 할 수 없다고 믿는 사람 역시 그렇게 된다.
> — 샤를 드골

믿음이 작동되기 시작하면 그 작용은 더욱 빨라지고 더욱 강해진다. 믿음의 속성이요 믿음의 특징이다. 믿음은 돋보기와 같다. 집중된 곳의 에너지를 극대화하는 힘, 믿음의 위력이다.

믿음은 일에 성공하는 강력한 에너지다. 믿음은 이루려고 하는 일을 꼭 이뤄지게 하는 힘이다. 믿음은 어디로 작용하든 그곳의 힘을 극대화한다.

만약 당신이 어떤 일에 대해 안 될 거라는 믿음을 가지면 그 일은 안 될 것이다. 당신이 만약 무언가에 대해 부정적인 믿음을 갖는다면 그것의 결과 또한 부정적으로 나타날 것이다. 무릇 믿음은 어떠한 작용을 더욱 강하게 하는 힘을 가지고 있다. 그러므로 믿음은 좋은 곳에서 좋은 쪽으로 사용해야 좋다. 믿음은 필요한 곳에 필요한 때에 필요에 맞게 사용되어야 좋다. 믿음이 가장 필요한 곳은 당신의 인생이다.

삶이 묻는다.
"너는 너의 자아를 믿는가?"

> **❝** 믿는 것은 강하게 되는 것이다.
> 의심은 에너지를 박탈해 가는 것이다. 믿음은 힘이다.
> — 프레더릭 로버트슨

° 탓

부정적인 현상이 생겨난 원인

사주 탓, 운명 탓, 세상 탓, 나라 탓, 조상 탓, 부모 탓, 우리는 일단 남 탓을 하고 본다. 비겁함 때문인지, 못난 사람이 되고 싶지 않아서인지, 습관적으로 그러는 것인지, 사람마다 이유는 다르지만 우리는-잘못된 결과에 대한-책임을 남에게 돌리는 것을 참 잘한다.

우리는 이기적인 동물이다. 우리는 이익인 쪽으로 움직이는 것을 좋아한다. 그렇다면 '남 탓'과 '내 탓' 둘 중에 어느 쪽이 더 이로울까? '내 탓'이 훨씬 더 이롭다. 그런데 왜 우리는 '남 탓'을 하는 걸까? 그게 이익인 줄 잘못 알고 있기 때문이다.

'남 탓'은 도망치는 것이다. 다음에 다시 그 상황을 만나면 또 도망을 치게 된다. '내 탓'은 맞붙는 것이다. 다음에 다시 그 상황을 만나면 또 맞붙을 수 있다. 도망치는 것으로는 영원히 이길 수 없다. 맞붙어야 이길 기회가 생길 수 있고, 맞붙다 보면 이길 길이 보이게 마련이다.

잘못된 상황에서 가장 최선은 '내 탓'이라고 인정하는 것이다. 그래야 이롭다. 왜? 남 탓이라고 하면 통제권이 내게 없다는 뜻이 되니까.

내 인생 안에서 일어나는 일은 결국 내 일이다. 생각해 보라. 내 인생인데 통제권이 내가 아닌 남에게 있다니 말이 되는가? 내 차인데 내 차에 대한 권한이 남에게 있다면 말이 되는가? 그렇다면 주인이 아닌 것이다. 내 탓이라고 해야 비로소 권한이 내게 생기는 것이다.

남 탓이 되면 내가 할 수 있는 일이 아무것도 없게 된다. 즉 내 인생을 내가 어떻게 해 볼 수가 없게 되는 셈이다. 이보다 더한 절망이 있을까?

남 탓, 하지 말자. 누구 탓도 하지 말자. 내 인생 안에서 일어나는 모든 일은 다 '내 탓'이다. 자기 인생 안에서는 그 어떤 상황도, 그 어떤 문제도 다 '내 탓'이다.

"내 탓이오!", 이 말은 "내 책임이다!"라고 말하는 것이다. '내 책임이니 내가 책임을 지겠다!' 그리고 '다음부터는 이런 일이 발생하지 않게 하겠다!' 하는 책임 의식으로, 더 나아지고 더 발전하려는 의지다. 그런데 어떤 사람들은 '긍정적 내 탓'이 아니라, 너무 심한 자책을 하고 심지어 자학까지 하는 '부정적 내 탓'을 한다. 경계해야 할 부분이다.

자책은 책임은 인정하지만 수습하려는 의지가 없다. 책임진다는 것은 상황을 나아지도록 최선을 다하겠다는 것이다. 자책이나 자학은 책임지는 것이 아니라, 형태가 다른 무책임일 뿐이다.

삶이 묻는다.
"너의 인생을 왜 남에게 맡기려 드는가?"

    ❝ 남의 탓이라는 생각을 버릴 때 인생은 호전한다.
– 웨인 다이어

깔보거나 업신여김

"내가 그렇게 우습게 보여? 왜 날 무시해?"

사람들은 지나치게 예민하다. '무시가 원인인 범죄'는 날로 늘어가고 있다. 데이트 폭력이나 보복 운전 같은 사건들은 밑바닥에 무시당했다는 기분이 깔린 경우가 많다.

우리는 왜 그토록 무시에 민감하고 분노하게 되는 걸까? 무시당한다는 느낌이 들면 자신의 존재성이 상처를 입게 되기 때문이다. 견디기 힘들다. 그래서 순간적으로 분노하고 폭력적으로 변하게 된다.

그 사람이 무시해서, 무시한다고 생각해서, 무시당하는 기분이 들어서, 무시한다는 이유로 폭행을 하고 살인을 하는—일어나서는 안 되는—일이 일어난다. 이런 사건들이 심각한 또 다른 이유는, 무시하는 그 어떤 행위를 하지 않았음에도 불구하고 누군가는 괜히 자기 혼자 무시당했다는 느낌을 받기도 한다는 점이다.

무시는 위험하다. 인간은 본능에 따라 무시당하는 느낌을 혐오한다. 분노한다. 다른 건 다 참아도 무시당하는 것은 참지 못한다. 지금 당장 어쩔 수 없다면 마음에 담아 두고 언젠가는 보복을 하려고 한다.

무시는 꼭 말을 통해서만 전달이 되는 것이 아니다. 눈빛을 통해서, 표정을 통해서, 또는 몸짓을 통해서, 무시는 다양한 방식으로 전달이 된다.

무시는 때로 나의 의도와 전혀 상관없이 발생할 수도 있다. 사람은 느끼는 존재, 생각하는 존재라서, 상대방의 실제 마음이나 의도와 상관없이, 별것 아닌 일에도 무시당하는 느낌을 받을 수 있고, 무시당했다고 생각할 수도 있다. 무시는 실제 하지 않는 것도 중요하지만—무시한다는— 오해의 빌미를 제공하지 않는 것도 중요하다. 어렵다. 그래도 노력은 해야 한다.

무시는 위험하다. 인간으로서 마땅히 하지 않아야 하는 인격의 문제이지만, 인간성이니 인격이니 그런 식으로만 접근하기에는 무시로 인한 사건 사고가 너무 빈번하고 끔찍하다.

이 시대에 절대 해서는 안 되는 것이 있다면 그것은 아마 '무시'일 것이다.

아무리 사소해 보여도, 아무리 못나 보여도, 아무리 하찮게 보여도, 아무도, 아무것도 무시하지 말자. 존중하고 인정하자. 이것은 이제 지켜야 할 철칙이 된 시대라고 해도 과언이 아니다.

한 가지 더 우리가 챙겨야 할 것은 자기 자신 무시하지 않기다. 사람들이 가장 무시하는 사람은 사실 타인이 아니라 자기 자신이다. 나에게 나는 언제나 만만하다. 어쩌면 그래서 '무시'에 더 신경이 날카로워지는 지도 모른다. 어쩌면 그래서 타인을 무시하는지도 모른다.

삶이 묻는다.
"너는 왜 스스로 자신을 무시하는가?"

" 사소하다고 무시하지 마라.
사소하다고 해서
중요하지 않은 것은 아니다.
– 패트릭 스미스

한 곳에 모든 힘을 쏟아 부음

"집중은 너를 좋은 곳으로 데려다줄 거야."

"자! 여기 집중!" 학생들을 향해, 청중들을 향해, 이렇게 외치는 이유는 집중을 해야 제대로 보고, 제대로 들을 수 있고, 제대로 전달하거나 획득할 수 있기 때문이다.

보아도 제대로 볼 수가 없고, 들어도 제대로 들을 수가 없으며, 먹어도 제맛을 느낄 수가 없는 집중 부재의 상태, 그래서일까, 삶 속으로 온전히 들어가지 못하는 사람들이 참 많은 것 같다.

무엇을 하든 집중하지 못하면 제대로 할 수가 없다. 어디에 있든 집중하지 못하면 온전히 그곳에 있을 수가 없다. 집중이 없는 곳엔 사실 자신도 없는 셈이다. 그래서 집중이 없는 곳엔 사랑도 없다.

집중하지 못하는 상태는 에너지가 분산되는 상태로서, 깨진 돋보기처럼 에너지를 모을 수가 없다. 에너지는 에너지대로 쓰고 얻는 것은 없게 된다. 마치 책상에 열 시간을 앉아 공부를 하였으나 단 한 줄도 기억하지 못하는 것처럼.

집중한다는 것은 마음이 그곳에 있다는 것, 마음이 그곳에만 머문다는 것, 의식이 그곳에 있다는 것, 의식이 그곳에만 머문다는 것, 그래서 집중은 집중하는 것 외 나머지를 포기하는 것이다. 집중하는 순간만큼은.

한곳에 에너지를 최대한 쏟아 붓는 것, 그래서 집중하는 곳의 에너지는 극대화된다. 기적의 시작이 에너지의 집중에 있는 이유다.

집중에서는 '집중의 방향'이 중요하다. 집중하고 있는 방향에 따라 그 뒤의 방향도 달라진다. 가령 두려움에 집중하면 도망이나 회피를 선택하게 되고, 목표에 집중하면 도전을 할 수 있게 되는 것처럼, 집중의 방향에 따라 삶은 전혀 다른 양상으로 치달을 수 있다.

어떤 사람들은 과거에 집중하느라 현재에 충실하지 못하고, 어떤 사람들은 미래에 집중하느라 현재에 온전히 머물지 못한다. 삶이란 무엇인가? 지금 이 시각, 지금 여기, 삶은 궁극적으로 지금 이 순간이 아니던가? 현재에 집중하지 못하면 몸은 여기 있되 마음은 지구 밖을 겉돌고 있는 것과 같다. 그것은 현존하는 삶이라 할 수 없다.

성공도 행복도 사랑도 집중이 포인트다. 공부가 그렇지만 성공한 사람들이 비결로 집중을 강조하는 데에는 그만한 이유가 있지 않을까? 집중이 만능 키는 아니지만, 원하는 문을 여는 데 있어서 꽤 중요한 역할을 할 수 있다.

자신의 삶에 집중하지 못함으로 발생할 수 있는 무기력, 희망 없음, 답이 보이지 않음, 나태함, 안일함, 허송세월, 무의미함, 재미없음, 공허함으로 생의 변두리를 배회하고 있는 우리를 향해, 어쩌면 신은 이렇게 외치고 있지 않을까.

"자! 지금 여기에 집중!"
"자! 삶에 집중!"

삶이 묻는다.
"너의 마음은 지금
여기에 있는가, 저기에 있는가?"

66 순간을 사랑하라.
그러면
그 순간의 힘이 모든 한계를 넘어 퍼져 가리라.
– 켄트

° 욕 구

무엇을 하고자 바라는 것

> "욕구는 욕구로써 쓸모를 다 하는 거야.
> 하지만
> 욕심은 욕심으로써 쓸모를 잃어 가지."

음식을 먹고 싶은 욕구는 우리를 살아 있게 하지만, 음식을 더 많이 먹고 싶은 욕심은 우리의 살아 있음을 방해한다. 건강을 위해 혹은 미용을 위해, 운동을 하고 싶은 욕구는 몸을 건강하고 아름답게 하지만, 그 욕구가 욕심으로 변질하면 무리하게 되고 몸은 탈이 나게 된다.

욕망이 발전의 일등공신이라면, 욕구는 존재 자체의 일등공신이다. 그렇다면 욕심은 어떨까? 욕심은 패망의 일등공신이 된다. 욕구는 존재의 조건이라 할 수 있고, 욕망은 적당했을 때 긍정적인 역할을 하지만, 도를 넘었을 땐 존재함을 뒤흔드는 부정적 역할을 한다. 그것이 욕심이다.

° 욕망

부족을 느껴 더 가지려고 하는 마음

"신이시여,

욕망을 심으시곤 왜 재능을 주지 않습니까?"

영화 〈아마데우스〉에서 모차르트를 죽인 살리에리가 참회하면서 하는 이 말에서, 욕망에 대한 우리의 마음을 엿볼 수 있다. 욕망을 줄일 마음 따위는 없고, 욕망과 비교하면 턱없이 부족한 재능만을 탓하는 끝까지 탐욕적인 마음.

신은 인간에게 한계 없는 욕망을 심어 놓고, 욕망에 대한 재능에는 한계를 정해 놓았다. 참으로 고약하다. 먹어도, 먹어도 배는 채워지지 않게 해 놓고, 먹을 것을 구할 능력에는 한계를 둔 꼴이라니. 욕망을 제어하지 못하면 결코 행복할 수 없는 이유다.

욕망을 무조건 죄의 원천이라고 하는 것은 욕망에 대한 음모나 다름없다. 욕망은 사실 죄가 없다. 욕망을 잘 다스리지 못하는 우리의 어리석음이 있을 뿐이다. 누군가 어떤 음식을 먹고 탈이 났다면 식욕에게 죄를 물어 식욕을 벌할 것인가? 죄는 식욕을 잘 다스리지 못한 그 사람에게 있는 것을.

욕망은 죄가 없다. 죄가 있다면 욕망이 탐욕으로 변질하기까지 아무런 조치를 하지 못한 자신에게 있다.

욕망은 한계가 없고, 재능은 한계가 있으니, 욕망을 제어하지 못하면 삶 곳곳에서 문제가 발생하고 우리는 행복이 아닌 불행의 올가미에 갇히게 된다.

인간은 자신의 욕구를 채울 순 있어도 자신의 욕망은 영원히 채울 수 없는 존재이므로, 내 안에 있는 어떤 욕망은 내 안에서 스스로 자유를 얻어 사라지게 해야 한다. 그것은 욕망이 탐욕이 되기 전이라야 쉽다.

"욕망을 자유롭게 풀어줘!"

오스트리아의 천재 화가였던 에곤 실레의 이야기, 영화 〈에곤 실레 : 욕망이 그린 그림〉에 나오는 대사처럼, 내 안에 있는 욕망을 꼭 붙들고 채우려고만 할 것이 아니라, 욕망이 스스로 흘러갈 수 있도록 마음의 길을 잘 터주려는 마음을 가지면 좋다. 그렇지 않으면 욕망이 우리를 자유롭지 못하게 하고, 자칫 영영 욕망에서 빠져나오지 못할 수도 있다.

욕망하자. 욕망을 채우기 위한 오늘을 살자. 욕망을 누리는 오늘을 살자. 그러나 욕망이 욕망을 키워 욕망의 괴물이 되지 않도록 통제권을 잘 사용하자. 욕망은 본디 팽창은 해도 축소는 잘되지 않는 법, 욕구

° 시련

어려운 고비

인간에게 시련이 견디기 힘든 고통의 시기라면, 신에게 시련은 인간의 됨됨이와 의지를 시험해 보는 일종의 테스트가 아닐까. 이렇게 정리하면 좀 나을까. 아니, 그렇지 않다. 시련은 그래도 시련이니까.

뛰어난 자질과 실력, 더구나 피나는 노력까지 할 줄 알았던, 수많은 인재들이 그―시련의―구간을 건너지 못해 침몰한다. 젖 먹던 힘까지 써가며 꿈을 향해 달려가던 어떤 사람들도 그랬다. 열심히 했으되 인내를 다 하지 못해서, 실력은 갖췄으되 오기를 갖지 못해서, 시련을 극복하지 못한 사람들이 참으로 많다.

도대체 신은 왜 시련을 주는지, 그 이유가 궁금했던 적이 있었다. 우리에 대한 신의 사랑이야 의심할 여지가 없겠지만, 그렇다면 사랑만 줄 것이지 신은 왜 우리를 시련에 빠뜨리는가?

시련試鍊, 시험을 뜻하는 '시試', 단련을 뜻하는 '련鍊', 한자에서 알 수 있듯이 시련은 '단련을 위한 시험', 이렇게 정의해 볼 수 있다. 이것이 신이 우리에게 시련을 주는 이유다. 이렇게 시련의 의미를 정리하면 한결 힘이 나지 않을까.

높이 올라갈수록 산은 험난하고 큰 바다일수록 파도는 거칠게 마련이듯이, 더 나은 삶으로 가는 길에 시련을 만나는 것은 지극히 당연하다. 신은 시련을 통해 우리의 진짜 모습을 알고 싶어 한다.

"자, 이제 너의 본 모습을 보여라!"

평화로울 때나 순조로울 때는 누구나 좋은 사람이고 누구나 능력자일 수 있다. 그러나 문제가 생기고, 벽이 생기고, 시련이 닥쳤을 때도 여전히 좋은 사람, 여전히 능력자일 수 있는 사람은 그리 많지 않다.

왜 시련이 찾아오는가? 검증을 하기 위해서다. 얼마나 담대할 수 있는지, 어디까지 인내할 수 있는지, 진짜 본 모습은 어떤지 시험하기 위해서 시련은 인생을 방문한다. 신이 우리에게 시련을 주는 이유다.

성공한 인생이 알려주는 진리, 시련 뒤에는 영광이 기다리고 있다는 것, 시련 앞에서 돌아가거나 주저앉고 마는 사람은 영원히 볼 수도 없고 맛볼 수도 없는, 위대한 영광이 시련 뒤에 기다리고 있다는 것은–시련의 위기를 극복하고–성공한 이들의 인생이 수없이 확인시켜 주는 진리이다. 신이 우리에게 시련을 주는 이유로 이것은 매우 중요하다. 목표를 향해 전진하는 이에게 시련은 목표 지점 바로 전이라고 할 수 있으니까.

겨울은 언젠가 끝이 난다. 영원히 끝나지 않는 겨울이란 없다. 그러나 겨울이 끝나지 않는 인생은 있다. 왜 그럴까. 스스로 겨울에서 나오지

° 적응

환경 조건에 맞추어 살아가는 현상

"적응을 포기하기엔 넌 아직 살날이 너무 많아."

아이가 엄마 품을 벗어나 어린이집에 간다는 건, 안전지대에서 벗어나 낯설고 무서운 위험 지대로 가는 것. 적응하기 어렵다. 그래서 처음엔 기를 쓰고 가지 않으려 한다. 어떤 아이의 경우 어린이집 적응기를 보면 눈물겹기만 하다. 적응이란 그런 것이다. 인간은 본디 적응이 어려운 동물이다. 매일 아침 울며불며 엄마랑 승강이를 벌이던 아이도 어느 순간 어린이집에서 겪었던 일들을 신 나서 이야기한다. 마침내 적응된 것이다. 인간은 본디 적응의 존재다.

삶은 끝없는 적응의 과정이요 반복이다. 또한, 삶의 모든 영광은 적응의 산물이다. 산다는 것은 적응하느냐 마느냐, 적응을 어떻게 할 것이냐 하는 적응의 게임이다.

예를 들면, 사랑이라는 건, 서로가 서로에게 적응하고 적응해 가는 과정이요 결과이다. 어떻게 적응을 하고, 얼마나 적응을 하느냐에 따라 그 사랑으로 인한 모든 것이 달라진다.

한 치 앞을 알 수 없는 인생길, 처음 와 본 길이라 모든 게 낯설고, 시시각각 달라지는 상황 앞에 놓인다. 삶은 결국 적응력이 관건이다. 적응력이 곧 경쟁력이다. 때로는 굽히고, 때로는 돌아가고, 때로는 거칠게 나아가고, 때로는 고요히 머물고, 물은 그렇게 적응을 통해 자신의 길에서 이탈하지 않고 큰 바다에 이른다. 물에게 특별하고 비밀스러운 비결 같은 건 없다. 그저 최선의 적응을 통해 살아남고 어떤 상황에서든 바다를 향해서 나아갈 뿐.

물은 자신을 조절함으로써 자신의 목표를 이루어 나간다. 물은 결코 자신이 아닌 외부를 바꾸려고 하지 않는다. 나 아닌 상대방을 내가 바꿀 수 없다는 것을 알아서일까. 물은 오직 자신이 어떻게 할지만 집중한다. 물은 상황 상황마다 알맞은 적응을 하고, 그 모든 적응은 바다에 이르기 위함이다.

우리는 어떤가? 갖고 싶은 것이 너무나 많은 우리에게 요구되는 가장 기본적인 능력은 적응력이다. 불신의 시대, 불안의 시대, 누구도 아무것도 약속할 수 없는 시대, 우리는 과연 어떻게 적응해 나가야 할까?

삶이 묻는다.
"너는 오늘을 어떻게 적응할 것인가?"

66 최고의 처세술은 타협이 아니라 적응이다.
– G. 짐멜

르겠지만, 설령 그렇다고 하더라도 내가 아무것도 하지 않으면 결코 기적은 일어나지 않는다. 기적의 가장 중요한 조건은 바로 우리 자신이다.

기적이란 어쩌다 보니 그렇게 된─일어날 수도 있고 일어나지 않을 수도 있는─우연의 산물이 아니다. 기적은 일어날 수밖에 없었던 어떠한 이유(조건의 충족)로 인해 일어난다. 세상 모든 일들이 그렇듯이 기적도 원인과 결과의 법칙에 의해 일어나고, 그럴 만한 이유를 지닌다.

기적을 경험한 이들의 말을 들어보면 공통점이 있는데, 자신의 모든 것을 걸고 승부를 던졌을─누군가는 목숨을 걸었을─때 기적이 일어났다는 것이다. 간절한 마음으로 온 정성을 다했고, 될 거라는 믿음을 가졌으며, 자기 자신을 내놓을 각오를 했다는 점이다.

간절함, 정성, 행위, 믿음, 이런 것들이 기적의 원인이 되고 기적의 조건이 된다고 그들은 말한다.

아무것도 하지 않고 기도만 하면서 무작정 신에게 의지하는 것이 아니라, 무엇이든 했다는 것, 간절히 했다는 것, 안 되면 죽어도 좋다는 식으로 자신을 통째로 걸었다는 것, 그렇게 하면서 결과는 신에게 맡기는 방식, 그것이 기적을 경험한 이들의 공통점이었다. 이를테면 이런 것이다.

"나 자신을 당신에게 내줄 테니 그 대가로 내 소원을 들어주세요!"

신과 거래를 한 셈이다.

인간인 우리가 직접 기적을 일으킬 수는 없지만, 기적을 부르는 신호는 우리가 보내야 한다. 간절한 마음, 모든 것을 거는 행위, 정성, 믿음은 기적을 부르는 신호이다.

우리가 삶 앞에서 겸허해져야 하는 이유는, 삶이란 인간이 도저히 헤아릴 수 없는 어떠한 힘에 상당 부분 지배를 받기 때문이다. 뜬금없어 보이는 기적이 일어나는 것도 같은 맥락이다. 가령, 기적은커녕 더 불행해져도 전혀 이상하지 않을 만큼 형편없는 짓을 일삼는 누군가에게도 소원이 이루어지는 기적이 찾아드는 경우와 같은.

그러나 이런 종류의 기적들은 대부분 행운의 반대편에서 온 불행의 씨앗일 때가 많다. 만약 기적이 그럴 만한 조건과 이유도 없이 일어났다면 그 기적은 불행으로 이어지기 쉽다. 차라리 기적이 없었더라면 좋았을 그런 슬픈 일들은 대체로 이유 없이 오는 공짜 기적의 대가인 경우가 많다. 세상에 공짜는 없다. 이것은 단순한 격언이 아니라 우리의 삶에 강력한 지배력을 행사하는 우주의 절대 법칙이다. 오는 기적이라고 해서 무조건 반가워할 것이 아니다. 내가 그만한 뭔가를 했을 때, 나를 온전히 내놓았을 때 오는 기적이 진짜 기적이다.

삶이 묻는다.
"너의 삶은 기적의 조건을 채우고 있는가?"

죽으라고 해도 바뀌지 않는 삶이 있다. 할 수 있는 모든 수고와 노력과 열심을 다 해도 꿈쩍하지 않는 고통의 삶이 있다. 기적이 아니고서는 도저히 어떻게 해 볼 수 없는 삶의 구간이 있다. 그러나 설령 오래도록 아무런 기쁜 일이 일어나지 않는다 하더라도 우리는 기적을 믿는 것이 좋다. 현실의 벽은 갖춘 능력보다 높고, 시련은 우리의 용기보다 가혹할 때가 많다. 살다 보면 기적이 필요한 순간을 한 번쯤은—아니 몇 번쯤은— 맞닥뜨리게 된다. 그럴 때마다 우리는 기적이 일어날 것을 굳게 믿고 기냐에 따라 달라진다.

삶이 묻는다.
"이 상황을 너는 어떻게 받아들이고 있는가?"

> ❝ 상황은 비관적으로 생각할 때만 비관적이 된다.
> – 빌리 브란트

삶은 시간과 손을 잡고 인간에게 상황을 팔고, 우리는 싫든 좋든 그 상황을 살 수밖에 없다. 얼마를 주고 사서 어디에 어떻게 쓸 것인지는 각자의 몫이다. 우리는 평소라면 상황에 따른 대처를 꽤 잘한다. 곤란한 상황, 위기의 상황에 부닥치기 전까지는.

"최악의 상황이야."
"이 상황에서는 어떻게 해야 할지 모르겠어."

우리를 괴롭게 하고, 불안하게 하며, 포기하게 하고, 절망하게 하는 최악의 상황, 인생길을 가다 보면 갑자기 닥치는 위태로운 상황이 있다. 그러나 모든 상황에는 그럴 만한 이유가 있기 마련, 현재의 상황은 언젠가 잘못 대처했던 과거 상황의 결과물이다. 우리가 상황마다 성실과 지혜로 대처를 잘해야 하는 이유다.

위기의 상황은 과거에 대해 그때 왜 그랬냐고 따지고 있다. 그러면서 한편으로는 제시하고 있다. 지금 상황에 잘 대처하면 상황은 바뀔 거라는.

상황은 결과이자 원인이다. 나쁜 상황이 좋지 않은 결과인 것은 맞지만, 그렇다고 두 손 놓고 포기하거나 절망하면 안 되는 이유는, 그 상황은 앞으로의 삶에 대한 원인으로 작용하기 때문이다. 비록 오늘의 결과는 좋지 않았다고 하더라도 오늘 이후의 결과까지 나쁘게 할 수는 없으니까. 삶은 계속되고 이어진다.

상황은 전부가 아니다. 상황은 부분에 해당한다. 부분은 좋을 수도 있고 나쁠 수도 있다. 1년이라고 하는 전체에서 부분을 보면 맑은 날이 있고 궂은 날이 있듯이, 각각의 상황 역시 좋음과 나쁨을 반복한다. 아무리 긴 장마도 언젠가는 해가 나오듯이, 아무리 맑은 날도 언젠가는 비가 내리듯이, 좋은 상황도 나쁜 상황도 지나가고 다시 반복된다. 그것이 인생이다.

아무리 막막하고 암울한 상황이 닥치더라도 희망을 품어야 한다. 상황이란 '여기서 멈춤'이 아니라 계속 흐르는 중의 '어느 한 부분'이니까. 도도히 흐르는 강의 어느 한 부분, 그것이 상황이다. 좀 더 흘러가면 또 어떤 상황이 기다리고 있을지는 아무도 모른다. 상황은 바뀐다. 영원히 바뀌지 않는 상황이란 없다.

"방향을 달리하라!"
"방법을 달리하라!"
"시간을 달리하라!"

모든 상황은 신호다. 매 순간 우리 앞에 펼쳐지는 상황은 신이 인간에게 보내는 신호이다. 신의 언어와 인간의 언어는 서로 달라서 신은 '상황'이라는 도구를 활용하여 인간에게—도움이 될—자신의 뜻을 전달하고자 한다. 때로는 '방향이 틀렸으니 방향을 바꾸라'고, 때로는 '방법이 틀렸으니 방법을 바꾸라'고, 때로는 '아직은 때가 아니니 기다리라'고.

   기억하자. 모든 상황은 신이 우리에게 보내는 신호다. 그리고 묻자.

'이 상황은 나에게 어떤 신호인가?'
'이 상황은 나에게 무엇을 요구하고 있는 것인가?'
'이 상황은 나에게 무엇을 알려주고 싶은 것일까?'

삶이 묻는다.
"지금의 상황은 어떤 신호인가?

66 길을 걷다가 돌을 보면
약자는 그것을 걸림돌이라 하고
강자는 그것을 디딤돌이라고 한다.
– 토머스 칼라일

잘못된 점, 나쁜 점, 부족한 점

비바람 몰아치는 날이 있고 따스하고 평화로운 날이 있다. 우주가 그렇다. 볼록 솟은 곳이 있고 푹 꺼진 곳이 있다. 지구라는 곳이 그렇다. 우주와 지구, 그 에너지로 만들어진 우리들, 그 법칙대로 사는 우리들, 당연히 잘난 점과 못난 점이 있다. 우주가 그렇고 지구가 그렇듯이.

누구에게나 있는 것, 모든 것에 있는 것, 모든 일에 있는 것, 그것이 단점의 실체다. 모든 사람에게 단점은 있고, 유형이든 무형이든 모든 것에 단점은 있으며, 모든 일에 단점이 있다. 공자에게도 단점은 있었고, 사랑이라고 하는 가치에도 단점은 있으며, 돈이 쏟아지는 일에도 단점은 있다.

생각해 본다. 신은 왜 내게 단점을 주었을까? 신은 나를 사랑하기는 하는 것일까? 그렇다면 장점만 주면 좋았을 것을 왜 단점을 줘서 나를 괴롭게 하는 것일까? 생각을 바꿔 본다. 신은 나에게 뭔가 다른 선물을 주기 위해 나에게 단점을 준 것은 아닐까? 사랑을 발견하게 하려고, 노력하게 하려고, 성장하게 하려고 그런 것은 아닐까?

단점은 나쁜 것이 아니다. 물론 좋은 것도 아니다. 단점은 그 자체로는 우리를 힘 빠지게 하거나 절망하게 하지 않는다. 나쁜 것은 계속 단점만 보는 우리 마음의 눈이며, 힘 빠지게 하는 것은 단점에서 고개를 돌리지 못하는 자신이며, 우리를 절망하게 하는 것은 단점을 잘 다스리지 못하는 우리들 자신이다.

고개를 돌리자. 단점만 뚫어져라 쳐다보지 말고 장점 쪽으로 시선을 돌리자. 단점을 잘 다스리자. 단점은 내가 하기에 따라 나에게 큰 도움이 될 수도 있다. 장점이 하지 못하는 일을 단점이 해낼지 누가 알겠는가.

삶이 묻는다.
"너의 단점은 너를 도울 수 있다.
어떻게 할 것인가?"

❝ 나는 축구 선수라 하기엔 키가 작았으며,
많은 다른 선수들에 비해 신체 조건이 뒤처짐을 인정한다.
하지만, 그 작은 키는 나에게 최고의 장점이 되었고,
이제는 누구 앞에서든 당당할 수 있다.
성장 호르몬 이상은 나에게 많은 슬픔을 안겨 주었지만
이제는 그것이 세상이 나를 조명하는 이유가 되었다.
때로는 나쁜 일이 아주 좋은 결과를 낳기도 한다.
단점을 장점으로 승화시켜라.
– 리오넬 메시

° 장점

잘된 점, 좋은 점, 충분한 점

누구에게나 모든 것에나 모든 일에나 장점은 있기 마련이다. 세상일이 그렇다. 모든 존재가 그렇고 인간이 그렇다. 우리는 인간이다.

단점, 그것은 '나'를 이루는 요소 중의 하나일 뿐이며, 나의 특징 중하나일 뿐이다. 단점은 나를 이루는 하나의 부분적인 요소에 불과할뿐, 나를 정의하는 절대 요소가 아니다. 장점도 그러하다.

장점은 좋은 것이지만 좋은 것만 될 수는 없다. 장점이 좋지 않은 결과로 이어지는 경우는 얼마든지 있다. 단점은 우리를 소심하게 만들지만, 장점은 오만하게 만든다. 위험하기는 장점이 훨씬 더 위험하다. 장점이 단점보다 못할 때도 있다. 장점이라 하여 어찌 늘 좋은 기능만 할 수있겠는가.

세상에 영원한 장점은 없다. 당연히 영원한 단점도 없다. 어제의 단점이 오늘은 장점이 될 수 있고, 여기에서는 장점이었던 것이 저기에서는 단점이 될 수도 있다. 단점이든 장점이든 어떤 상황을 만나느냐에 따라 그 처지는 얼마든지 달라진다. 그러므로 장점이라 하여 우쭐댈 것도 단점이라 하여 쫄 것도 없다.

인간은 누구도 단점의 존재가 아니다. 물론 장점의 존재도 아니다. 장단점의 합으로 이루어진 존재, 그가 바로 나이며 당신이며 우리이다. 우주가 음과 양으로 이루어져 있듯이 우리 역시 서로 상반되는 특징으로 이루어져 있을 뿐이다.

단점이 있다는 것은 문제가 될 수 없다. 문제는 단점을 문제로 여길 때 비로소 문제가 된다. 단점을 어떻게 볼 것인가, 단점을 어떻게 할 것인가, 관건은 여기에 있다. 단점이 많아서 패배자가 되고 장점이 많아서 승리자가 되는 것이 아니다. 장단점을 어떻게 활용하느냐에 따라 승자와 패자는 달라진다.

한 가지 확실한 것은 승자들은 대부분 자신의 장점에 집중했다는 점이다. 장점을 더욱 장점으로, 자신의 장점을 극대화하는, 승자들은 그런 전략을 구사한다. 그들도 분명 단점을 보완하려고 노력하기는 하지만, 그보다는 자신의 장점을 더 강하게 하는 데에 더 많은 에너지를 쓴다. 확률이 더 높기 때문이다. 약한 것을 강하게 하는 것보다는 강한 것을 더 강하게 하기가 더 쉽고 더 확실하기 때문이다. 우리는 승자가 되고 싶다.

삶이 묻는다.
"너의 장점이 너를 몰락시킬 수 있다.
어떻게 할 것인가?"

" 내 경험으로 볼 때
단점이 없는 사람은 장점도 거의 없다.
– 에이브러햄 링컨

◇

◇

늦어도 가능한 도전

내겐 꿈이 있었다.

결혼을 하고 아이를 낳고…

늦어서 못할 줄 알았다.

하지만 할 수 있었다.

나는 늦은 것이 아니었다.

삶에

도전하기에 늦은 때란 없었다.

/

권　　　　　경　　　　　임

어떤 목적을 이루기 위한 실제적 대상

"어느 섬으로 갈 거야?"

"글쎄!"

이러면 출발을 할 수가 없다.

"어느 섬으로 갈 거야?"

"좋은 섬!"

이래도 출발은 할 수가 없다.

"좋은 섬 어디?"에 대한 대답이 정해지면 출발을 위한 준비를 할 수 있다. 비로소 출발할 수 있게 되는 것이다.

많은 사람들이 막연한 목표를 가지고 산다. 하지만 그 목표는 사실 목표라고 하기엔 너무나 모호하고 너무나 포괄적이며 너무나 광범위하다. 초점이 없다. 과녁이 없다. 활시위를 당길 수조차 없다. 겨냥할 곳이 없는 화살, 결국 빈 하늘을 향해 발사된 화살은 허공 어딘가를 날다가 힘이 빠지면 아무 곳에나 떨어진다. 어떤 사람들의 목표가 그렇고 어떤 삶이 그렇다.

"목표가 뭐니?"
"목표? 성공하고 부자 되는 것."

사람들은 막연히 좋은 곳을 가자 한다. 어딘지는 모르지만, 막연히 높이 오르려 하고 막연히 주머니에 더 많은 돈을 채우려 한다. 그리고 그것을 목표라고 한다. 어떤 사람들은 그렇게 살아간다. 어쩌면 나도 당신도.

인생은 이미 바다 한가운데 떠 있는 배와 같다. 목표 지점을 정하지 못한 채 가고 있는 배는 과연 어디에 도착하게 될까? 아니 어딘가에 도착하기는 할 수 있는 걸까? '가는 것'과 '표류하는 것'은 다르다. 어떤 사람들의 삶은 표류하는 중이다.

목표가 없는 사람은 갈 곳이 정해지지 않은 채 망망대해를 떠도는 배와 같다. 목표가 막연한 인생은 목표가 없는 인생이나 다름없다.

목표 지점이 없거나 막연하면 그 배의 운명은 파도와 풍랑이 결정하게 된다. 바람 부는 대로 표류하게 된다. 목표는 있어야 하고 도착지는 분명해야 한다. 그래야 할 이유까지 확고하다면 최상이다.

"좋은 섬 어디?"

이 물음에 대한 정확한 대답, 목표는 그래야 한다. 막연히 좋은 섬이 아닌, 독도든 제주도든, 어디든 구체적으로 명확하게 정해져야 그것에 맞게 준비를 할 수 있고, 비로소 그곳을 향해 출발할 수 있다.

삶이 묻는다.

"너는 어디로 갈 것인가?"

"그곳에는 왜 가려고 하는가?"

목표를 설정하는 데 있어서 가장 흔한 실수는 '물질적 이익'에만 초점을 맞춘다는 점이다. 예를 들면, 가장 돈을 잘 벌 수 있는 것, 가장 성공하기 쉬운 것, 가장 많은 돈을 벌 수 있는 것, 가장 멋져 보이는 것 등.

물질적 이익에만 초점을 맞추고 출발한 목표는 달성 이전까지의 모든 과정에서 오류가 불가피해진다. 또한, 달성 이후에 심리적으로 무너질 소지도 다분하다. 인간은 물질적 충족만으로는 행복할 수 있는 존재가 아니기 때문이다. 정상에 오른 이들 중 정상에 오른 이후에 오히려 더 불행해진 이들도 많다. 물론 정상에 오르기 전에 추락하는 이들이 더 많지만.

자신의 목표 달성이 누군가에게 도움이 되고 세상에 이바지하는 것이라면 최고의 목표라고 할 수 있다. 그러기 위해서는 목표에 '사명'이라는 가치가 붙는 것이 좋다. 사명은 공동체 의식과 공동체에 이바지하고자 하는 인류애에서 비롯된다.

목표가 사명이 될 때 그 목표는 무슨 일이 있더라도 이뤄내야 하는 절대성을 지닌다. 그러면 중간에 위기가 오고 시련이 닥쳐도 꿋꿋하게 목표를 향해서 나아갈 수 있다. 어떤 어려움에도 포기하지 않을 수 있다.

'목표 이룸'의 날이 와서, 환호하고, 사람들과 축하를 나누고, 사랑하는 사람과 가슴 벅찬 포옹을 하고, 식탁에 앉아 눈 맞추며 지나온 과정을 이야기하는, 그런 멋진 꿈을 가진 이는 행복한 사람이다.

나의 삶이 누군가에게 희망이 되고 도움이 되는 삶, 그러한 삶에 대한 밑그림이 가슴에 꼭 이루어야 할 꿈으로 깃들어 있는 사람이라면 행복한 사람이다. 우리는 그런 사람이 되고 싶은 아름다운 욕심이 있다.

목표는 정하기 전에 검토 단계를 거쳐야 하고, 그것은 '나를 파악하는 것'으로부터 시작이 되어야 한다. 나를 정확하게 파악하고, 나에게 가장 알맞은 뭔가를 목표로 정해야 한다.

그리고 그 목표에–반드시 이루어야만 할–이유가 있고, 그 이유가 나 혼자만이 아닌 세상에 도움이 되는 것이라면 그 인생은 가치 있고 아름답다. 우리는 모두 그런 멋진 삶을 실현할 수 있는 사람들이다.

삶이 묻는다.
"무엇을 위한, 누구를 위한 목표인가?"

" 행복한 삶을 살고 싶다면
사람이나 사물이 아닌
목표에 의지하라.
– 아인슈타인

Story다. 도전의 이야기, 그것이 역사이며 삶이다.

도전하지 않으면-지금은 그러지 못한, 그러나 꼭 그러고 싶은-멋진 삶을 얻을 수가 없다.

도전은 발전의 다른 말이다. 성장, 성취, 성공, 획득, 보람 등 이런 가치는 도전의 결과물이다. 바라는 삶은 하거나 하지 않을 '도전'에 의해 정해진다. 도전하지 않으면 언제나 그곳에 머물게 되고, 심지어 더 낮고 더 형편없는 곳으로 떠밀려 갈 수도 있다. 인생에서 뒷걸음질은 그만하자.

도전은 정복으로 이어지고 정복은 새로운 도전으로 이어지는 순환이 성공자의 삶이다. 물론 도전에는 실패도 따른다. 그러나 실패에도 굴하지 않고 도전을 계속해서 시도한다면 결국 정복하게 된다.

모든 도전이 성공을 보장하지는 않을 것이다. 그러나 성공한 이들은 모두 도전했던 사람들이라는 사실만큼은 확실하다.

도전은 용기와 인내를 요구하고 도전의 비전은 희망이며 성공이다. 도전은 더 높은 가치를 낳는다. 갈등할 수 있다. 무섭고 두려울 수도 있다. 당연하다. 어찌 그렇지 않겠는가? 그러나 그럼에도 불구하고 용기를 내고 인내한다면, 우리가 하는 도전은 우리가 원하는 대부분의 것들을 우리의 삶 속으로 끌어오게 될 것이라고-도전해서-성공한 이들은 말한다.

그 어떤 도전도 쉽거나 순조롭지만은 않을 것이다. 그러나 도전하지 않음으로써 겪게 될 아쉬움과-도전했더라면-얻을 수도 있었을 것에 대한 미련과 후회에서 오는 고통을 감수하는 일 역시 쉽지는 않을 것이다.

우리는 그럴 자신이 없다.

둘 중 하나를 해야 한다. 욕망의 크기를 축소하거나 욕망을 현실로 이룰 도전을 하거나. 인생은 우리에게 양자택일의 결단을 촉구한다. 욕망하지 않거나 도전하거나. 욕망하지 않을 수 없는 우리에게 선택은 늘 한 가지뿐이다. 도전!

모든 도전은 결과에 상관없이 위대하고 아름답다. 도전하는 곳, 그곳에는 '원하는 높이까지 오른 사람들'이 있다.

어둠의 세계와 밝음의 세계 그 사이에 있는 기회의 문, 빈곤과 풍요 그 사이에 있는 기회의 문, 절망과 희망 그 사이에 있는 기회의 문, 불행과 행복 그 사이에 있는 기회의 문, 죽음과 삶 그 사이에 있는 기회의 문, 그 문이 바로 도전이다. 기억하자. 도전은 삶의 또 다른 얼굴임을. 도전자, 우리의 또 다른 이름은 도전자다.

삶이 묻는다.
"도전하지 않을 거라면 이 세상에 왜 왔는가?"

❝ 항구에 머무는 배는 안전하다.
하지만
그것이 배의 존재 이유는 아니다.
– 존 셰드

° 변명

어떤 실수에 대하여 구실을 대며 그 이유를 말함

뭔가 잘못되었을 때, 가장 먼저 유혹하는 것은 변명이다. 우리는 왜 변명을 하는 것일까? 못난 사람으로 보일까 봐, 곤란한 상황이 오면 모면부터 하고 보려는 본능 때문에, 실망할까 봐… 변명을 하게 되는 원인은 참으로 다양하다.

우리는 본능에 따라 누군가가 자신에 대해 실망하는 것을 두려워한다. 인간은 곤란한 상황이나 위험이 닥치면 본능에 따라 도주 반응이 먼저 작동한다. 어떻게 보면 변명은 인간의 본능인지도 모른다. 그러나 본능이라고 해서 변명이 떳떳할 수는 없다. 본능이란 이성에 의해 알맞게 조절이 될 때는 인간에게 도움이 되지만, 이성적으로 제어되지 않으면 대체로 우리의 삶을 방해하곤 하는데, 변명도 그렇다.

"그게 아니라…, 그러려고 한 건 아닌데…, ~때문에."

변명을 잘한다는 것은 임기응변에 능하고, 양심이나 도덕 이런 종류의 가치에 연연하지 않는다는, 순발력과 융통성을 지녔다는 증거이다. 우리 사회에 순발력을 지니지 못해 뒤떨어지는 사람이 얼마나 많은가? 고지식해서 손해 보는 사람은 또 얼마나 많은가?

센스와 두뇌 회전의 도움이 없으면 변명도 쉽지 않다는 점에서, 변명을 잘하는 사람은 사회생활을 잘할 중요한 조건 하나를 갖추었다고 볼 수 있다.

만약 순발력과 융통성을 변명이 아닌, 인정하고 수습하는 쪽에 사용한다면 어떻게 될까? 감히 장담하건대, 삶에서 변명이 필요한 상황은 확연하게 줄어들 것이다.

변명은 마음을 잠시 편하게 할지는 몰라도 사실은 잃는 게 많다. 그중에서 가장 큰 손해는 변명을 하고 나면—인정했더라면 얻었을 수도 있는—기회가 상실된다는 점이다. 모든 기회는 직접적인 기회가 오기 전에 '기회를 얻을 기회'가 먼저 찾아온다. 변명은 그 기회를 스스로 차 버리는 것과 같다. 곤란함에서의 해방과 기회를 맞바꾸는 셈이다. 얼마나 큰 손해인가.

변명보다는 인정함이 훨씬 더 이익이다. 인정하면 긍정적인 변화로 전환하기가 쉬워진다. 변명은 잠깐의 편안함을 얻는 대신에 긴 불편함의 씨앗을 뿌리는 것과 같다. 불편하지만 인정하는 연습을 하면 어떨까? 그것은 누구나 충분히 해낼 수 있는 '곤란한 상황 대처 훈련' 같은 거 아닐까?

잘못했을 때 우리는 변명부터 하지만, 더 큰 잘못은 이미 한 잘못이 아니라 그 잘못을 변명이라는 포장지로 꽁꽁 싸매서 아무도 찾지 못하도록 숨겨버리는 것이다. 깊숙한 곳에 숨겨버리면 아무도 찾을 수 없으니 우선 마음이 편할지는 몰라도 머지않아 포장지 안에서 썩는 냄새가 나게 된다. 변명은 언젠가 스스로 드러난다.

변명을 잘하면 다른 것을 잘하지 못하게 된다. 제한된 능력을 변명하는 데에 쓰는 횟수를 줄인다면, 인생의 다른 부분에서 잘하는 것이 늘어날 것이다.

변명은 비겁한 사람이 들고 있는 허술한 방패일 뿐이다. 그 방패로는 아무것도 막지 못한다. 인정은 용감한 사람의 손에 들려 있는 강력한 창이 된다. 그 창은 자신을 지키는 최고의 무기가 된다.

변명은 마이너스 흐름을, 인정은 플러스 흐름을 만든다. 인정한다는 것은 고치겠다는 것이다. 변화하겠다는 것이다. 만회하겠다는 것이다. 변명 대신에 인정하고 당당해지는 편을 선택하는 것이 인생에서는 여러모로 이롭다. 용기를 내야 한다. 인정하고 수습하려는 자세는 변명보다 훨씬 더 도움이 된다.

변명에서 가장 좋지 않은 것은 '습관적으로 하는 변명'이다. 곤란한 상황만 되면 자동으로 변명 프로그램이 가동되는 것은 반드시 바꿔야 할, 가장 못난 대응 방식이다.

드물지만 변명이 가장 최선일 때도 있다. 그때의 변명은 계획적이다. 자동으로 반응하는 변명에 제동을 걸자. 변명은 꼭 필요한 때에만 하자.

살다 보면 어쩔 수 없이, 혹은 모두를 위해서 해야 하는 '피할 수 없는 변명' 같은 게 필요할 때도 있다. 변명은 그때 사용하자.

변명이 나의 주인이 아니라 내가 변명의 주인이 되는 삶을 살자. 한 가지 명심할 것은 침묵도 때로는 변명이 된다는 점이다. 침묵 사용법을 익혀 두면 요긴하게 쓰일 때도 있다. 변명이 아니어도 삶은 얼마든지 훌륭한 예술이 될 수도 있지 않을까.

삶이 묻는다.
"언제까지 변명만 하고 있을 셈인가?"

" 변명을 잘하는 사람은
다른 어떤 것도 잘할 수 없다.
– 벤저민 프랭클린

선택은 힘의 균형이 어디로 쏠려 있느냐에 따라서도 달라질 수 있다. 선택하기에도 갑과 을은 존재한다. 나는 어떤 위치에 있는 사람일까, 자신을 탐구하는 일은 언제나 옳다.

가치에 따라서 주는 것과 받는 것에 대한 선택 권한은 달라진다. 어떤 가치는 주는 사람이 결정할 수 있을 뿐 받는 사람은 선택권이 없기도 하다. 가령, 동정이나 배려처럼 도움에 관계되는 가치는 받는 사람이 아니라 주는 사람에게 선택권이 있을 뿐, 받는 사람은 상대방이 내게 베풀 동정이나 배려, 도움의 종류를 선택할 수 없다. 하지만 받느냐 안 받느냐에 대해서는 받는 사람에게도 선택권이 있다.

선택에서 가장 경계해야 할 것은 '감정의 개입'이다. 감정은 생각이 생각을 제대로 하지 못하게 만든다. 감정이 개입되는 선택은 술에 취해 활을 쏘는 것과 같다. 몸은 휘청거리고, 과녁은 흔들린다. 어찌 제대로 된 선택을 할 수 있겠는가?
똑똑한 사람이 멍청한 선택을 하는 이유다. 틀릴 수 없는 선택을 틀리게 하는 이유다.

선택에서 '명분'이 차지하는 비중은 상당하다. 선택이 명분을 따를 때–당장은 손해일 때도 있지만–크게 이로운 결과를 낳을 수 있다. 특히 큰 일일수록 선택의 기준을 명분에 두는 것이 좋다. 멍청한 사람이 하는 똑똑한 선택, 그것은 명분에 따른 경우에 일어날 수 있는 행운이다. 이 때 멍청한 사람은 절대 멍청하지 않다.

사자는 토끼를 잡을 때도 전력을 다한다. 인생에 하찮은 일은 있을 수 있어도, 하찮게 여겨도 좋을 선택은 없다. 어떤 선택이 어디로 인생을 몰아갈지, 신은 그 부분에 대해서 어떤 힌트도 주지 않는다. 모든 것은 선택하는 자의 책임일 뿐이다.

삶이 묻는다.
"너는 선택을 아는가?"

" 인생은 B(Birth)와 D(Death) 사이의 C(Choice)다.
– 장 폴 사르트르

흥겹게 노는 것

"사람이 유흥도 적당히 즐기면서 살아야지.
스트레스도 풀고…
사람이 일만 하려고 태어난 것도 아니고…"

옳은 말이다. 스트레스는 풀고 살아야 좋다. 날이면 날마다 일만 하고 살 수도 없다. 우리에게는 기쁨 경험, 해소 경험, 자유 경험이 필요하다. 우리는 가끔 쾌락의 맛도 보고 싶다. 그래서 우리는 유흥가를 기웃거린다. 유흥 속으로 나를 던질 때, 우리는 기쁨을 느끼고, 스트레스가 해소됨을 느끼고, 자유를 느낀다. 유흥이 주는 쾌락은 무척이나 매력적이다.

스트레스는 풀어야 건강에도 좋다. 그러나 그 방법이 건전하지 못하거나, 지나친 유흥이 되면 영혼이 스트레스를 받게 된다. 참된 자아가 스트레스를 받게 된다. 스트레스는 푸는 것이 좋지만, 그 방법이 무엇이든 좋은 것은 아니다.

외롭고 허전해서, 삶이 너무 허망해서 유흥에 빠지는 경우도 있다. 외로움, 허전함, 허망함, 이런 감정들은 무작정 견디는 것이 능사는 아니다. 그렇지만 유흥이 주는 쾌락으로 위로를 받는 경험이 늘면 늘수록, 인간은 점점 더 외로워지고, 허망해진다.

애정 결핍으로 생긴 공백을 유흥의 쾌락으로 채우면, 채울수록 가슴의 빈 공간은 점점 더 비게 된다. 인간이기 때문이다. 영혼이 있고, 생각이 있는 인간이기 때문이다.

사는 것이 너무 재미가 없어서 유흥의 쾌락을 찾는 이들도 있다. 살맛이 너무 안 나면 삶이 퍽퍽해진다. 우리에게는 때때로 재미가 필요하다. 재미 경험은 삶에 활력소를 준다. 그래서 어떤 사람들은 유흥의 쾌락을 즐긴다. 마치 살맛의 부족은 유흥의 쾌락으로만 채울 수 있다는 듯.

그러나 애정 결핍은 쾌락 결핍이 아니다. 재미 부족이 쾌락 부족이 아닌 것처럼.

유흥이 무조건 나쁜 것은 아니다. 하지만 종류와 정도에 따라 유흥은 매우 나쁜 쾌락이 될 수 있다. 유흥은 적당히만 하면 괜찮은 것이 아니다. 유흥은 충분하지 않아야 오히려 인생에 이롭다. 우리에게 이로운 유흥은 적당한 유흥이 아니라, 건강한 유흥, 조금 부족한 유흥이다.

쾌락이 나쁜 것은 아니다. 다만 쾌락의 도구가 무엇이냐에 따라, 그 도구가 오히려 슬픔의 도구로 둔갑할 수도 있다. 쾌락의 수단이 무엇이냐에 따라, 그 수단이 오히려 또 다른 스트레스, 또 다른 허망함, 또 다른 결핍을 양산할 수도 있다.

쾌락의 자아에게도 기쁨의 밥, 재미의 밥을 주어야 하는 것은 맞지만, 과식은 쾌락의 자아에게도 좋지 않다. 쾌락의 자아는 그렇지 않아도 힘이 세다. 남아도는 힘은 결국 자기 자신을 괴롭히는 데 쓰이게 된다.

우리는 인간이다. 인간은 결국 인간일 때 가장 평화롭고 행복할 수 있다.

삶이 묻는다.

"너는 왜 유흥에서만 재미를 찾으려 하는가?"

> **"** 어떠한 쾌락도 그 자체로는 나쁘지 않다.
> 그러나
> 많은 경우에 그 수단이 악의 씨앗이 된다.
> – 에피쿠로스

° 자신감

할 수 있다는 자신의 느낌

"야! 그냥 들이대!"

우리는 자신감이 얼마나 중요한지 너무 잘 알지만, 자신감이 인생길을 바꿔 놓을 수도 있는, 자신감이 있느냐 없느냐에 따라 승패가 바뀔 수도 있는, 그리고 천국과 지옥으로 갈릴 수도 있는, 그런 결정적 역할을 할 수도 있다는 사실을 진지하게 여기지는 않는다.

자신감이 인생에 미치는 영향력은 엄청나다. 경쟁 사회의 한복판에서 있는 우리에게 자신감은 거의 절대적이다.

자신감이 없으면 잘할 수 있는 것도 못하게 되고, 자신감이 약해지면 결단력도 약해진다. 자신감을 잃으면, 온 세상이 나의 적이 된다. 사방이 나의 적으로 둘러싸여 있다면 그 삶이 과연 온전할 수 있을까?

자신감보다 더 강한 힘은 없다. 자신감보다 더 뛰어난 전략은 없다. 자신감보다 더 효과 있는 기도는 없다. 자신감보다 더 대단한 스킬은 없다. 자신감은 불가능을 가능으로 만든다. 자신감은 기적을 부르는 위대한 자기 믿음이다. 자신감은 기회를 창조하는 가장 기본적이면서도 가장 확실한 동력이다.

기회는–무언가를–'함'으로써 생기고–어딘가를–'감'으로써 발견된다. 자신감이 아니면 우리는 해야 할 것을 안 하려 하고 가야 할 길을 가지 않으려고 한다. 어찌 기회가 있을 수 있을까?

자신감은 두렵지 않은 마음이 아니다. 두렵지만 그래도 자기 자신을 믿는 마음이다. 자신감은 걱정이 전혀 없는 감정이 아니다. 걱정은 되지만 그래도 자기 자신을 사랑하는 감정이다. 걱정도 되고 두렵기도 하지만, 그래도–할 것을–하는 마음이다. 그래도–가야 할 곳을 향해–한 발 내딛는 마음이다.

"까짓것, 그냥 해 봐!"

자신감은 어떻게 기를 수 있는가? '일단 해 본다!', '어찌 됐든 해 본다!', '그럼에도 불구하고 해 본다!'. 자신감은–두렵고, 떨리고, 힘들지만–그래도 '해 보기'를 거듭하면서 길러지고 강화된다.

가장 중요한 것은 '있는 그대로' 그냥 믿는 것, '나니까' 할 수 있다고 믿는 것, 자신을 믿고 해 보는 것, 자신을 믿고 가 보는 것이다. 유일한 조건은 '나' 한 사람, '있는 그대로의 나 자신'에 대한 사랑과 믿음이다. 자신감은 내가 나를 믿고 내가 나에게 투자하는 감정이다.

자신감을 키우는 방법은 많다. 그러나 방법보다 더 중요한 것은 자기에 관한 자기의 생각이다. 자기가 자신을 믿지 못하면 그 어떤 방법으로도 자신감을 키울 수 없다. 설령 용케 키운다 하더라도 올바른 기능을 하기 어렵다. 관건은 '내가 나를 얼마나 믿느냐'에 있다.

믿자. 자신을 믿자. 그리고 해 보자. 가 보자. 그러면 확인하게 된다. 승부에서 신의 마음을 움직일 수 있는 최고의 방법은 자신감이라는 것을.

삶이 묻는다.
"너는 너 자신을 얼마나 믿고 있는가?"

❝ 자신과 타인을 비교하지 않는 것에서부터
자신감이라는 씨앗이 자라게 된다.
– 에이브러햄 매슬로우

° 존중

높이어 귀중하게 대함

> "인간에 대한 존중은,
> 두려움에서 나옵니다."

인간의 권리에 대한 이야기를 다룬 드라마 〈송곳〉에 나오는 이 한 마디에서 존중의 숨겨진 특징을 엿볼 수 있다. '강자에게 약한 본성'이 강자를 존중하게 한다는 것.

물론 이때의 존중은 진심이 아니라—상대보다 낮거나 약한—처지가 만들어 낸 '가공된 존중'이지만, 어쨌든 강자에게 존중을 보이면서 강자에게 잘 보이려는 약자의 본능적 행위는 강자의 입장에서는 무척 기분 좋은 일이다.

역사적으로 부귀영화를 누렸던 간신들에게서 배울 게 있을 리 만무하지만, 그들은 말하고 있다. 존중받으려면 상대에게 두려움을 줄 수 있는 '힘'을 가져라!

바른말 하는 충신보다 아부 떠는 간신이 더 안전하고 더 오래 살아남는 것, 인간은 자기를 알아주는 사람을 위하여 목숨을 바치려 하는 것, 이는–존중받고 싶어 하는–인간의 속성과 존중받았을 때–나를 존중해 준 사람에게–그만한 보상을 해 주려 하는 인간의 본성을 증명한다.

존중은 일종의 안전장치이다. 존중은 상대를 내 편으로 만드는 아주 쉬운 방법이기도 하다. 존중은 원래 더 맑고 더 숭고한 가치지만, 기능적으로 볼 때 존중은 생존 전략 차원에서 매우 활용 가치가 높다.

인간에게는 '인간다울 권리'가 있고, 인간다울 권리를 충족시켜 주는 게 바로 존중이다.

모든 존재는 당연히 존중받아야 하지만, 그런 원론적인 기대는 조선시대에도 무의미한 바람이었다. 사람은 그가 나보다 괜찮은 인간이어서가 아니라, 나보다 강하기 때문에 고개를 숙인다. 어떤 사람들에게 존중이 수단이 되고 방법이 되는 이유는 바로 이 때문이다.

존중은–형태는 다를 수 있지만–존중으로 돌아온다. 상대를 존중하면 상대가 나를 존중해 주고, 세상을 존중하면 세상이 나를 존중해 주고, 인생을 존중하면 인생이 나를 존중해 준다. 존중은 어떤 경우에도 남는 장사이며, 결국 내가 나를 존중하는 셈이 된다.

존중받는 사람은 존중의 값을 하기 마련이다. 사람의 본성이 그렇다. 존중받는 직원이 더 일을 잘하고, 존중받는 아내가 더 가정을 잘 꾸리고, 존중받는 리더가 부하를 더 사랑하고, 존중을 받으면 존중해 주는 대상에게 그만한 값을 하려고 하는 마음, 우리 안에는 그게 있다.

존중은 상생의 조건이다. 어느 일방만 존중을 받는다면 그건 상생이 아니다. 서로가 서로를 존중할 때 서로는 동등한 존재로서 상생을 해나갈 수 있다. 그러므로 존중은 요구할 수도 있다. 다만 그럴 수 있는 사람은 많지 않다.

모든 가치가 그렇듯이, 존중은 쓰임에 따라 그 값이 달라진다. 어떤 존중이 가장 좋을까? 어쩔 수 없는 존중보다는, 있는 그대로의 존중, 상대가 바라는 맞춤 존중, 이런 존중도 좋겠지만, 나보다 못한 사람, 나보다 아랫사람에게 존중을 실천하는 것이 가장 좋다. 이때의 존중은 덕을 베푸는 것이다. 선을 행하는 것이다. 신은 그런 것들을 좋아한다.

어차피 나보다 윗사람, 나보다 잘난 사람은 존중이 아니라 존경을 원한다. 그들은 존중으로는 양이 차지 않는다. 존경해줘야 한다. 그러므로 존중은—평소 존중받지 못하며 사는—낮은 자리에 있는 이들에게 실천하는 것이 좋다.

또 다른 하나는 나와 다른 것에 대한 존중이다. 나와 다른 생각, 나와 다른 의견, 나와 다른 취미, 나와 다른 인생관 등 나와 다른 사람, 나와 다른 뭔가에 대한 존중도 매우 중요하다.

존중은 모두에게 필요하다. 사실 우리는 모두 '존중 부족 상태'에 있다. 우리는 존중이 고프다. 존중이 고픈데 존중은커녕 무시를 당하기 때문에 사람이 사람을 해치는 사고가 발생한다.

존중하자. 모두를 존중하자. 모든 것을 존중하자. 무엇보다 자기 자신을 존중하자. 모든 존중이 나로부터 비롯됨을 알고 '자기 존중'을 실천하자. 내 안에 존중심이 있어야 누군가에게 줄 수도 있을 테니까.

모든 시간에, 모든 곳에서, 모든 사람에 대해, 모든 것들에 대해 존중심을 갖고, 존중이 밖으로 드러나게 하자. 모든 이들에게 존중을 전달하자. 그것은 내가 나를 도울 수 있는 매우 인간적인 방법이다.

삶이 묻는다.
"네 안에 존중이 있는가?"

" 친절한 마음가짐의 원리,
타인에 대한 존경은
처세법의 제1조건이다.
– 톨스토이

생각한 바를 실제로 행함

> "먹는 거, 싸는 거, 이딴 거 말고,
> 다른 것도 실천 좀 하고 살자!"

마음으로 다짐 한번 안 해 본 사람 있을까? 상상 속에서 성공해 보지 않은 사람 있을까? 생각으로 큰 부자가 되어 보지 않은 사람 있을까? 생각과 마음을 동원해 원대한 목표를 정하고, 철저한 계획을 세우고, 굳은 각오를 하고… 여기까지는 누구나 잘한다.

그런데 다짐하고 생각한 것을 실천으로 옮기는 사람은 많지 않다. 그것을 계속하는 사람은 더욱 드물다. 목표와 꿈을 이루는 사람이 많지 않은 이유다.

생각은 하되 행동은 하지 않는, 다짐은 하되 실천은 하지 않는, 그런 안일한 자세로 얻을 수 있는 것이 얼마나 될까? 인생은 이런 유형의 사람에게 그다지 너그럽지 않다.

계획은 생각이 하고, 결정은 마음이 하고, 실천은 몸이 한다. 실천 없는 결과는 없다.

아무리 훌륭하고 완벽한 계획이라 하더라도 실천하지 않으면 그것은 내적 쓰레기가 된다. 뛰어난 인재들이 세상을 바꿀 만한 멋진 계획안을 수도 없이 제출한들 결정권자가 결재를 하지 않으면 아무 소용없다. 그러나 결정권자가 빠르게 결정을 한다고 해도 하지 않으면 변하는 것은 단 하나도 없다.

비록 허점 많은 계획일지라도 계획을 행동에 옮기면 그 허점들은 하나씩 하나씩 해결이 된다. 단 하나의 허점 없는 완벽한 계획일지라도 행동에 옮기지 못하면 인생 곳곳에서 허점이 드러나게 된다.

성공한 이들은 '충분한 생각, 뒤늦은 행동'이 아니라 '부족한 생각, 빠른 행동'을 하는 경우가 더 많다. 시간은 제한적인데 시간을 생각하기에 다 사용해 버리면 행동에 사용할 시간은 없을 수도 있기 때문이다.

충분히 하는 생각은 여러모로 유익하다. 그러나 행동으로 옮겨지지 않고 생각에서 멈추면 그때의 충분함은 헛수고요 시간 낭비가 된다. 꽤 많은 사람이 이것을 되풀이한다.

어렵고 힘든 가운데에서도 스스로 자기 자신을 도울 수 있는 최선은 '그럼에도 불구하고 행동하는 것'이다. 할 마음도 할 힘도 이미 바닥이 났지만, 그럼에도 불구하고 하는 행동은 지독한 절망으로부터 자신을 구해낼 수 있다. 사방이 꽉 막혀 도저히 탈출구가 보이지 않는 위기라 할지라도 '그럼에도 불구하고 하는 행동'이 기적을 부르는 유일하고도 가장 강력한 힘이다.

보통 생각이나 감정이 행동을 일으키지만, 거꾸로 행동이 생각이나 감정을 일으키기도 한다. 의욕이 생기지 않을 때 의욕을 살릴 수 있는 또 다른 방법은 먼저 움직여 보는 것이다. 실천의 힘은 움직임으로써 생겨난다.

원하는 것이 무엇이든 그것을 이루기 위한 절대 조건은—해야 할—무언가를 하는 것이다. 아무것도 하지 않고 가만히 있어서는 아무것도 얻을 수가 없다. 어떤 식으로든 뭔가를 해야만 한다. 그런데 그것이 잘되지 않는다. 그중 하나의 이유가, 자신이 가지고 있지 못한 것을 생각하기 때문이다.

가진 것이 맨몸뿐이라면 가지고 있는 맨몸을 활용해서 할 수 있는 것을 생각하고, 맨몸으로 할 수 있는 것부터 시작하면 된다. 가지고 있지 않은 상태가 가진 상태로 되기 위해서는 반드시 뭔가를 해야 한다. 이것은 철칙이다.

가지고 있지 않은 것에 한숨을 쉬거나 낙담할 때가 아니다. 현재 가지고 있는 것으로, 생각한 것, 계획한 것, 하려고 하는 것을 해야만 한다.

"말하지 않아도 행동으로 보여 주면 그게 말인 거야."

드라마 〈미생〉에서 주인공 엄마가 했던 말이다. 맞는 말이다. 신은 우리의 행동을 본다.

신은 우리의 마음을 보지 않는다. 신은 우리의 생각 따위 안중에도 없다. 오직 우리의 행동을 본다. 우리의 실천을 본다.

어떤 생각을 하느냐는 중요하다. 어떤 마음을 먹느냐, 이것도 중요하다. 그러나 신은 우리가 어떤 생각을 하고 어떤 마음을 먹었느냐 따위는

관심도 없다. 다만 우리의 행동을 유심히 살펴볼 뿐이다. 우리가 하기로
한 실천을 하는지 안 하는지, 신은 오직 이것을 본다.

　과거에 '했거나 하지 않았거나' 이것이 현재를 만들고, 지금 '하거나
하지 않거나' 이것이 미래를 만든다. 그것이 인생이다. 삶은 거기에서 비
롯된다. 하거나 하지 않거나.

삶이 묻는다.
"욕심은 많으면서 실천은 왜 하지 않는가?"

" 모든 성공한 사람들을 묶어 주는 공통점은
결정과 실행 사이의
간격을 아주 좁게 유지하는 능력이다.
미룬 일은 포기해 버린 일이나 마찬가지다.
– 피터 드러커

간 그와 반대되는—망설이고, 주춤거리고, 나아가지 못하고, 도망치는—모든 부정적인 무리가 고개를 쳐든다. 할 일을 못 하게 하고, 가려는 길을 가지 못하게 하며, 삶을 가로막는다.

전혀 무섭지 않은 놀이 기구는 재미도 덜하다. 우리를 기쁘게 하는 것들은 대부분 그렇다. 높은 가치일수록 두려움의 크기도 크다. 즉 두려운 상황은 뒤에 큰 가치가 기다리고 있다는 의미다.

두려울 때마다, 무서울 때마다, 불안할 때마다, 용기가 필요할 때마다 자신에게 들려주자. 한 걸음만 앞으로 나아가면 그 뒤에 숨어 있는 기쁨이 모습을 드러낼 거라고. 용기가 아니면 우리가 욕망하는 것 중 대부분은 채울 수 없게 된다.

삶이 묻는다.
"두려움보다 너의 욕망이 더 작은가?"

" 용기는 두려움이 없는 상태가 아니다.
진정한 용기란
두려움에도 불구하고 행동하는 상태이다.
– 괴테

° 이해

이치에 맞게 해석하고 받아들임

"내 상식으로는 도저히 이해가 안 돼!"

맞다. 이해는 그렇게 해서는 절대 되지 않는다.

내 상식으로 타인의 상식을 이해하려 하면 그것은 이미 오해의 길로 접어드는 것. 내 잣대로 타인을 재려 할 때 인식의 결렬은 시작된다.

오해는 어디에서 비롯되는가? 이해는 어디에서 가로막히는가? 내 상식으로 타인의 가치를 판단하려고 하는 것, 내 잣대로 타인을 재려고 하는 데에서 이해와 오해는 갈린다. 이는 마치 시베리아 사람에게 아프리카 사람이 '어떤 옷이 가장 좋은가'에 대해 가르치는 것과 같다. 애초에 맞지 않는 시도다. 흔히 볼 수 있는 모습이다.

상대의 가치관은 상대의 상식으로 판단함이 좋고, 상대의 가치는 상대의 잣대로 매기는 것이 좋다. 그런데 우리는 그 반대로 하는 습관을 좀처럼 버리지 못한다. 그리고 그와 똑같은 짓을 자기 자신에게도 한다.

우리는 자기 자신을 이해하지 못할 때가 많다. 우리는 타인도 자신도 이해를 못 하면서 자신이 옳다고 우기는 우스꽝스러운 모습을 보일 때가 많다.

다름을 인정하자. 나와 다름은 이상한 것이 아니다. 다름은 틀림이 아니다. 상식이 다름을, 생각이 다름을, 잣대가 다름을 인정하자. 그리고 그의 입장에서, 그의 상식으로, 그의 잣대로 그를 이해하자.

내 앞에 서 있는 상대가 비록 도저히 이해하기 어려운 언행을 한다면, 그래도 이해를 먼저 하는 것이 좋다. 옳고 그름은 그다음이다.

진짜 사랑은 서로를 이해하는 것부터 시작이 되고, 모든 관계의 시작, 모든 관계의 유지 역시 이해가 바탕이 된다. 서로 이해하지 못하면서 좋은 관계는 없다.

물론 우리는 서로를 완전하게 이해하지 못해도 사랑을 할 수 있고, 잘 이해하지 못해도 인간관계는 맺어진다. 그러나 이해의 부족은 잦은 분란으로 이어지고, 그것이 이별의 시작이 되는 스토리는 매우 흔하다.

우리는 '이해에 인색한 사람들'이지만, 우리는 모두 '이해받고 싶은 사람들'이다. 오해는 분란과 다툼을 부르고, 이해는 단결과 협력을 부른다. 이해하자. 글자가 아닌 글을 이해하고, 말이 아닌 말의 속뜻을 이해하고, 무엇보다 '있는 그대로' 그냥 이해하자. 그리고 그것을 자기 자신에게도 하자. 이해에서 가장 중요한, '있는 그대로 그냥 이해하기', 그것을 하자. 타인에게도 나 자신에게도.

삶이 묻는다.
"네가 이해하는 방식은 어떤 것인가?"

" 상대방을 이해하라는 것이
무조건 그쪽 의견에 동의하거나,
당신이 틀리고
그 사람이 옳다고 말하라는 게 아니다.
그 사람의 말과 행동을
인격적으로 존중해 주라는 뜻이다.
상대방의 입장,
그 사람이 옳다고 믿고 있는 사실을
충분히 그럴 수 있다고
귀 기울이고 받아들이라는 것이다.
- 조나단 로빈슨

° 칭찬

<u>좋은 점, 훌륭한 점 등을 높이 평가함</u>

"칭찬 고마워!"

맞다. 고맙다. 칭찬은 무척 고맙다. 사소한 일을 했는데 대단한 사람이 된 것 같다. 그냥 했을 뿐인데 뭔가 가치 있는 일을 한 것 같다. 어깨가 으쓱해진다. 보람이 느껴지고 힘이 난다. 그래서 나를 칭찬해 주는 사람은 고마운 사람이 맞다.

"너의 칭찬 한마디면 나는 한 달도 버틸 수 있어!"

우리는 몰랐다. 칭찬의 위력이 그 정도일 줄 우리는 여태 알지 못했다. 어떤 사람이 《칭찬은 고래도 춤추게 한다》는 책을 세상에 내놓았을 때에서야, 칭찬 한마디에 한 달을 버틸 수도 있다는 그 말을 조금은 이해할 수 있었다.

원래의 나보다 훨씬 더 괜찮은 내가 된 것 같다. 할 수 없는 것도 할 수 있을 것 같다. 잘하고 싶다. 더 잘하고 싶다. 그래서 또 칭찬받고 싶다. 우리는 그런 존재다. 칭찬이 지니고 있는 특별한 힘을 우리가 더 많이 주고받을 수 있다면 세상은 얼마나 더 아름다워질까.

쉬우면서도 어려운 기술이 칭찬이다. 칭찬이 기술이 되면 그렇다. 하지만―칭찬이 기술이 아니라―마음이 되면 칭찬은 쉽다. 칭찬이 습관이 되면 더 좋다.

칭찬을 미루지 말자. 즉시 칭찬하자. 잘한 것을 잘했다고 칭찬하자. 무엇을, 왜, 칭찬받았는지 알 수 있게 칭찬하자. 칭찬할 땐 칭찬만 하자. 사랑하는 사람을 대하듯 그와 같은 표정으로 그와 같은 말투로 사랑을 담아 칭찬하자. 진심으로 진짜 칭찬을 하자. 그리고 자신에게도 똑같이 하자. 자신에게는 특별히 조금 더 자주, 조금 더 신 나게, 더 칭찬해도 좋다.

타인에게는 과한 표현의 칭찬, 지나친 횟수의 칭찬은 삼가는 것이 좋겠지만, 자신에게는 칭찬을 아끼지 말자. 맘껏 칭찬하자.

칭찬하자. 칭찬으로 가족이, 친구가, 동료들이 춤추게 하자. 그리고 내 영혼도 춤추게 하자. 내 인생이 춤추게 하자.

삶이 묻는다.
"칭찬 언제 해 봤니?"

66 우리는 누구나 잘못을 저지르기 쉽다.
아홉 가지의 잘못을 찾아 꾸짖는 것보다는
단 한 가지의 잘한 일을 발견해 칭찬해 주는 것이
그 사람을 올바르게 인도하는 데
큰 힘이 될 수 있다.
– 앤드류 카네기

다. 우리가 우리를 버리는 것이다. 그것은 자기가 자신에게 해서는 안 되는 가장 나쁜 짓이다.

희망과 절망은 무엇을 어떻게 보느냐, 여기에서 갈라진다. 우리가 먼저 보아야 할 것은 세상이 아니라 우리 자신의 마음이다. 세상을 보고 있는 자신의 마음, 그 마음을 먼저 봐야 한다. 그리고 세상을–진실이나 사실과 상관없이–다시 보아야 한다. 세상은 내가 보고자 하는 대로 보이고, 희망은 내 마음 안에서 시작되는 법이니까.

삶이 묻는다.
"너는 너라서 희망이 있음을, 알겠는가?"

    " 두 죄수가 똑같은 쇠창살을 통해서 밖을 내다봤다.
한 사람은 진흙을 보았고, 한 사람은 별을 보았다.
– 프레드릭 랭브리지

° 일

이루거나 대가를 받기 위해 하는 모든 활동

"일 좀 안 하고 살았으면 좋겠다!"

과연 그럴까? 세상에는 돈이 없어서 어쩔 수 없이 일을 하고, 그 때문에 괴로워하는 사람도 있지만, 돈은 있는데 할 일이 없어서 괴로운 사람도 많다. 일을 너무 많이 해서 죽는 사람은 드물지만, 할 일이 없어서 죽는 사람은 많다.

돈 많이 벌면, 성공하면, 부자가 되면, 그때가 되면 '일'이 인생에서 빠져야만 좋은 걸까?

'얼른 돈 벌어서 일 안 하고 살아야겠다!'

사람들이 가지고 있는 일에 관한 이런 식의 생각이 '일하는 삶'을 '불행한 삶'으로 만든다. 일이 힘들게 하는 것보다 '빨리 돈 벌어서 일 안 하고 살아야지' 이런 생각이 더 힘들게 한다.

일 안 하면 얼마나 좋을까! 하지만 그 생각이 틀렸음을 이미 충분한 돈이 있는 이들은 일에 대한 열정으로 증명한다. 무슨 차이일까? 안 하면 안 되기 때문에 하는 일과 안 해도 되는데 하는 일, 차이는 거기에 있다.

그런데 재밌는 것은 현재는 일을 안 해도 되는 이들 중, 일을 해야만 했던 과거에도 일을 즐긴 사람이 많았다는 점이다. 바꿔 얘기해 보면, 일을 안 하면 안 되는 상황 중에도 일을 즐겼기 때문에 일을 안 해도 되는 상황으로 변화가 가능했을 거라고, 그들은 말한다.

일은 나쁜 것이 아니다. 우리를 살게 하고, 우리의 심장을 뛰게 하며, 우리를 기쁘게 하고, 우리를 인간이게 하는 아주 좋은 것이 일이다.

극단적인 이야기지만 세상을 모든 사람이 일을 안 해도 되는 세상으로 바꾸면 과연 우리는 행복할까? 아마 세상은 살아있는 지옥이 될 것이다.

일은 곧 삶이다. 노동력이 곧 생명력이다.

일에 대한 개념, 일에 대한 인식, 일에 대한 가치관을 새롭게 정리하자. 돈 많이 벌고 부자가 되면 하지 말아야 할 것 1순위, 일을 그런 것으로 취급하지 말자.

세상 모든 부자들을 보라. 일하지 않는 부자는 없다. 성공자들을 보라. 24시간 내내 일하는 것은 아니지만, 노는 중에도 일하고, 일하지 않으려는 생각 따위 그들의 머릿속에는 없다. 일이 없는 인생은 죽은 삶이나 마찬가지라는 것을 너무나 잘 알기 때문이다.

일이란 단순히 돈을 벌기 위한 돈벌이 기능만 하는 것이 아니다.

기쁨, 편안함, 보람, 행복, 성취, 환희 등 인간이 바라는 좋은 가치들은 일의 도움을 많이 받고 있다. 일이 아니면 인간의 욕망 중 거의 대부분은 채울 수 없게 된다.

일을 즐기자. 일을 사랑하자. 일을 인생에서 떼어 놓을 생각, 이제는 바꾸자. 일을 또 다른 취미 같은 걸로 생각하자. 일이 기쁨이 되게 하자. 그러한 마인드가 일을 안 해도 되는 인생으로 더 빨리 이끌어 준다.

삶이 묻는다.
"너에게 일이란 무엇인가?"

" 일하는 것은,
인간에게 있어서 먹고 자는 것보다 더 필요하다.
– 훔 볼트

◇

◇

기쁨의 삶 / 봉사의 삶

내가 나에게,

내가 세상에게,

세상이 나에게,

삶은 봉사임을

삶이 거듭될수록

조금씩 알게 된다.

봉사하는 마음으로

삶을 대할 때

기쁨이 자람을 알게 된다.

PART 5

박   지   원

° 기쁨

즐거운 마음이나 느낌

"너는 널 더 기쁘게 해 줘야 해."

살맛 나는 삶, 늘 그럴 수야 없겠지만, 기쁨이 있는 삶일 때 우리는 살맛이 난다. 기쁨을 맛보지 못하는 일상이 여러 날 이어질 때 우리는 말한다. 살맛이 안 난다고. 사는 것이 삶이고 살아가는 것이 삶인데 사는 맛이 사라지면 어찌 살아갈 수 있을까.

입맛이 없을 때 우리는 음식을 먹지 못한다. 입맛이 사라지면 배고픔도 저절로 사라진다. 당연히 건강이 위태로워진다. 살맛이 안 나면 어떻게 될까? 입맛이 없으면 음식에 대한 욕구 자체가 사라지는 것처럼, 살맛이 없으면 삶에 대한 욕구가 사라지는 법이다.

'살맛'은 우리에게 매우 소중하다. 기쁨은—바람처럼—그저 잠시 스치고 지나가는 순간의 즐거움에 불과할지도 모르지만, 기쁨의 경험은 우리의 뇌나 내면 체계에 깊게 박힌다.

기쁨은 삶의 원동력이며, 하려고 하는 것에 가속도가 붙는 힘이며, 강력한 추진력이 된다.

기쁨의 상실은 의욕의 상실을 부르고, 기쁨의 부재는 '이렇게 살아서 뭐하나'로 이어진다. 위험하다. 기쁨을 잊어버린 삶은 위험하다. 기쁨은 의미를 생산한다. 인생에서 기쁨의 역할은 기쁨 이상으로 막중하다.

기쁨이 우리를 찾아올 때까지 기다리다가는 한도 끝도 없다. 솔직히 일상에서 기쁨이라 부를 만한 일이 자주 생기는 것도 아니지 않은가.

우리가 진정 기쁨 있는 삶을 살아가려면—특별해 보일 것 없는—일상에서 기쁨을 발견할 줄 알아야 한다. 기쁨을 발견하는 능력, 기쁨을 느끼는 능력은 꼭 필요하다.

삶이 묻는다.
"일상 곳곳에 있는 기쁨이 보이는가?"

육체적인 기쁨, 정신적인 기쁨, 밖에서 오는 기쁨, 안에서 오는 기쁨, 자극에서 오는 기쁨, 생각에서 오는 기쁨, 타인이 주는 기쁨, 스스로 얻는 기쁨, 일시적인 기쁨, 장기적인 기쁨, 맛보는 기쁨, 느끼는 기쁨, 주는 기쁨, 받는 기쁨, 물질적인 기쁨, 영적인 기쁨 등 인생에는 여러 종류의 기쁨이 있다.

기쁨이라고 다 이로울까, 그렇지는 않다. 기쁨 중에는 슬픔을 부르는 기쁨도 있다. 유희적인 기쁨이라든지, 비정상적인 기쁨은 우리를 자칫 고통의 나락으로 떨어뜨릴 수도 있다. 그것이 인생이다. 어떤 기쁨은 매우 아슬아슬하고 위태롭다. 아무 기쁨이나 마냥 즐기기엔 세상이 너무나 쾌락적이다.

기쁨은 온전히 기쁨 그대로를 충분히 누리는 것이 좋다. 그러나 어떤 기쁨은 우리의 통제가 필요하기도 하다. 기쁨을 잘 누리면 살맛이 난다. 반면에 기쁨을 잘 관리해야 인생길이 순조롭고 평화로울 수 있다. 기쁨은 때로 슬픔을 낳는다. 현자들이 일희일비─喜─悲를 경계하라고 하는 이유다.

어제 나를 들뜨게 했던 기쁨이 오늘은 전혀 기쁨을 주지 못하는 경우도 있다. 모든 것이 그렇듯이 기쁨 역시 내 안의 상태에 따라 기쁨이 기쁨의 역할을 하지 못할 수도 있다. 우리는 밖이 아닌 내 안에 대해 살핌을 해야 한다. 자주 그리하면 더 좋다.

기쁨은 욕구가 충족되었을 때 느끼는 감정이지만, 새로운 욕망을 일으키는 감정이기도 하다.

또한, 기쁨은 중독성이 있어서 우리는 한 번 맛보았던 기쁨을 다시 맛보려고 하는 경향을 보인다. 그러므로 무엇에서 기쁨을 느끼는지, 무엇이 나를 기쁘게 하는지는 매우 중요하다.

삶이 묻는다.
"너는 무엇으로 기쁨을 맛보는가?"
"너는 기쁨을 통제할 수 있는가?"

원하는 것을 얻었을 때, 원하는 대로 되었을 때, 정신적이든 육체적이든 기분 좋은 자극을 받았을 때 우리는 기쁨의 존재가 된다. 그러나 기쁨이 꼭 외부에서만 오는 것은 아니다.

우리는 밖에서 기쁨을 찾느라-그렇지 않아도 제한된 인생의-귀한 시간을 쓸데없이 허비하기도 하지만, 밖의 상황이나 환경과 상관없이 내 안에서 기쁨을 발견할 줄 아는 능력도 갖추고 있다.

기쁨은 외부 자극으로 느껴지는 감정이지만, 내 안에서 스스로 자극에 의해서도 가능한 감정이다. 우리는 생각하는 동물이다.

인생에서 가장 큰 기쁨은 영혼까지 감동하게 하는 기쁨이다. 특히 깨달음의 희열을 성자의 기쁨이라고 부르는데, 이 기쁨은 다른 기쁨과 비교 자체가 무의미하다고 한다.

그다음의 기쁨으로는 세상에서 가치 있는 존재가 되었을 때의 기쁨이다. 나다울 때, 보람으로 가슴이 꽉 차오를 때, 누군가에게 의미 있고 가치 있는 뭔가를 주었을 때, 그때의 기쁨은 순도가 매우 높다. 물론 지극히 세속적인 기쁨도 우리에게는 필요하고 귀중하다.

오직 나 혼자 기쁘고, 오직 나 혼자 행복하기 위해서 산다면 우리는 진짜로 기쁠 수도 진짜로 행복할 수도 없다.

만약 자기 자신만을 위한 삶을 산다면 우리는 장애나 시련 앞에서 그렇게 오래도록 견디지 못할 것이다.

우리 안에는 소중한 사람들을 기쁘게 해 주고 싶은 이타적 욕구가 있으며, 그것이 우리를 더 뛰게 하고 더 견디게 하고 더 괜찮은 사람으로서 더 의미 있는 인생을 살게 한다.

참다운 기쁨은 언제 올지 모르는 바깥손님이 아니다. 우리는 기쁨의 요소들로 충만한 내면을 소유한 기쁨의 존재이다. 우리는 원한다면 언제라도–자기 내면에서–기쁨을 꺼내서 맛볼 수 있다. 신이 인간에게 생각의 능력을 준 이유다.

이 시대는 기쁨의 시대이다. 모든 매체가 가장 중요한 가치로 기쁨을 내세우는 것을 보면, 현대인들이 얼마나 기쁨을 갈구하고 추구하는지를 알 수 있다.

자신을 기쁘게 하는 일을 더 하려 하고, 자신을 기쁘게 해 주는 사람을 더 가까이하려 하고, 기쁨의 경험을 반복하려 한다. 기쁨에 대한 욕구는 인간의 본능이다. 기쁨은 우리를 살게 하는 힘이다. 기쁨은 우리가 하고자 하는 일을 더 열심히 더 잘하게 하는 원동력이다. 기쁨이 있는 삶을 살자. 기쁨을 발견하는 삶을 살자. 기쁨을 느끼고 누리는 삶을 살자.

모든 순간에는 기쁨이 내재하여 있다. 다만 우리가 발견하지 못할 뿐이다. 모든 순간을 기쁨으로 맞이하자. 모든 순간을 기쁨으로 보내자.

삶이 묻는다.
"기쁨은 곳곳에 있다. 기쁨이 보이는가?"

   " 우리는 모두 누군가를 기쁘게 한다는
희망 위에서 산다.
– 새뮤얼 존슨

° 결심

어떻게 하기로 굳게 정하는 마음

"내년에는 반드시 잘할 거야!"

"나는 올해 담배 끊기로 결심했어!"

"나는 올해 책을 백 권 읽기로 결심했어!"

우리는 해마다 결심을 하고 시시때때로 결심한다. 우리는 실로 '결심의 존재'요, 인생은 '결심 스토리'다. 지켜지거나 흐지부지해지거나.

우리가 누리고 있는 모든 것들은 '결심이 결과가 된 것'들이다. 우리가 바라는 모든 것들은 '결심이 결과로 나타나야 할 것'들이다.

결심은 폭발력이 있다. 위대하거나 놀라운 업적들은 대개 결심에서 시작된다. 인생에서 평범함을 넘어선 결과에는 항상 결심이 있다. 결심은 '꼭 그렇게 하겠다!'는 강한 의지이며 그로 인해 추진력이 훨씬 강해지므로 실현될 확률이 높다.

결심은 이루고야 말겠다는 강한 의지다. 꼭 해내겠다는 강한 열정이다. 하지만 행동하지 않으면 아무 소용이 없다. 시간은 매우 냉정한 것이라서, 결심이 바로 행동으로 이어지지 않으면 시간이 갈수록 의지도 열정도 식기 마련이다.

'나는 오늘부터 달라지기로 결심했어!', 오늘과 다른 나, 오늘과 다른 삶, 그것은 '행동'을 통해서 이루어진다. 결심이 아닌 행동을 통해서 우리는 달라질 수 있다.

'반드시 성공하고 말겠어!', 성공은 결심의 힘으로 되는 것이 아니라, 그 결심을 '실행하는 힘'으로 이루어진다.

'반드시 몸짱이 되고 말 거야!', 하지만 결심이 몸짱으로 만들어 주는 경우는 결코 없다. 몸짱은 결심에 대한 실행이 만들어 준다.

"결심, 수도 없이 했어요."

살면서 결심 한번 안 해 보는 사람은 없다. 우리는 수도 없이 결심을 한다. 우리는 결심에 매우 능숙하다. 그러나 결심을 실행에 옮기기는 매우 서툴다. 실행되지 못할 결심을 우리는 너무나 자주 한다.

결심은 결심일 뿐이다. 결심이 실행되지 않을 때 우리가 얻을 것은 아무것도 없다. 결심을 한 후에는 진심과 전력을 다해 실행으로 옮겨야 한다. 결심이 결심으로만 끝나지 않도록 진심에 진심으로 노력하면, 결심과 진심이 한몸이 된다. 그랬을 때 비로소 결심은 결과가 된다.

"너의 결심을 눈이 부시게 빛나도록 한 건
그 결심을 위해 움직인 너의 행동이야!"

우리 주변에는 평생 결심만 하다가 허무하게 생을 마치는 이들이 참으로 많다.

잊지 말자. 행동이 따르지 않는 결심은 자신을 더욱 초라하고 형편없게 할 뿐이라는 것을.

결심은 '하고자 정하는 마음'이며, '하려고 하는 것을 꼭 하게 만드는 힘'이라고 할 수 있다. 그렇다면 결심은 무조건 좋기만 한 것일까? 그렇지가 않다. 죽기로 결심한 사람의 결심, 복수하기로 결심한 사람의 결심처럼 세상에는 결심하지 않아야 좋을 일들, 오히려 자신을 더 망치게 되는 '부정적 결심'도 많다. 결심은 하는 것이 중요한 것이 아니라 무엇을 결심하는가가 중요하다.

결심이 우리에게 유익한 결과를 있게 하려면 두 가지 조건을 충족시켜야 한다.

– 무엇을 결심하는가.
– 실행할 수 있는가.

결심을 하면 힘이 난다. 결심대로 했을 때 얻게 될 결과물에 대한 희망 때문이다. 결심을 하면 금방이라도 될 것만 같다. 잘 할 것 같다. 원하는 대로 될 것만 같다. 결심에서 포인트는 결심했을 때의 열정과 좋은 기분이 사그라지기 전에 최대한 빠른 시간 안에 실행에 옮기는 데 있다.

결심에 대해 우리가 할 일은 '최대의 실행'이다. 결과에 대한 권한은 우리의 몫이 아니다. 그러므로 우리는 결과에 대해 최상의 기대를 하고 상상은 하되, 결과에 상관없이 최선을 다해 실행하는 데 온 열정을 쏟아야 한다.

삶이 묻는다.
"너는 무엇을 결심하였는가? 언제 실행할 것인가?"

66 많은 사람이
재능의 부족보다 결심의 부족으로 실패한다.
– 빌리 선데이

°눈치

남의 기분이나 마음을 알아차림

"너는 왜 그렇게 눈치가 없냐?"

역사적으로 눈치에서 자유롭지 못했던 우리에게 눈치의 일상화는 어쩌면 당연했는지도 모른다. 우리나라는 눈치 공화국이었다. 다행히 요즘 세대들은 그 정도까지는 아닌 듯해서 대견스럽고 한편으로는 안심되기도 하고 고맙기도 하다. 우리 사회는 너무 오랜 시간 눈치 사회였고, 심지어 눈치와 예의를 동일시하기까지 해서 남의 눈치를 보느라 자신의 인생에 몹쓸 짓을 참 많이도 했다. 얼마나 많은 자아가 가슴앓이를 해야 했을까.

"넌 불안해서 눈치를 보는 게 아니야.
눈치를 보니까 계속 불안한 거야."

눈치는 일종의 생존 기술이라고 할 수 있는데, '눈치 채기'는 적절한 대응을 하게 하는 긍정적 스킬이 되지만, '눈치 보기'는 상대에게 자신을 맞추기 위한 부정적 스킬로써 그 기술은 자기가 자신을 괴롭히는 데 더 많이 쓰인다. 우리나라 사람만이 가지고 있다는 '화병'은 어쩌면 제 할 말을 미처 다 하지 못하고 오랫동안 침묵해야 했던 자아들의 억눌림에서 생겨난 것일지도 모른다.

지나치게 부모의 눈치를 보면서 성장한 아이는 주관이 뚜렷하지 못할 수 있고, 너무 눈치를 보지 않아도 되는 환경에서 자란 아이는 안하무인이 되기 쉽다. 눈치는 잘 사용하면 자제력을 길러 주는 훌륭한 제어 수단이 되고, 잘못 사용하면 기죽은 사람을 만드는 독이 된다. 그런데 어쩐지 우리는 그다지 잘 사용하지 못했던 듯싶다.

눈치는 없는 것보다 있는 것이 살아가는 데 도움이 될 수 있을 텐데, 상대의 눈치를 보느라 '나'를 잃어버리는 것은 삶에 도움은커녕 오히려 해를 끼친다. 남의 눈치를 본다는 것은 나의 가치를 내가 결정하는 것이 아니라, 나의 가치를 남에게 매겨 달라고 하는 것과 같다.

사회적인 면에서의 나에 대한 가치는 다른 사람의 뜻을 존중하고 인정하는 것이 옳지만, 인간으로서의 나에 대한 가치를 다른 사람에게 맡긴다는 것은 나 스스로에 대한 예의도 아니다. 인간은 누구나 그 자체로 고귀한 존재니까.

사회적으로 필요에 의한 경우가 아니라면 자신을 눈치 로봇이 되게 하는 일은 줄이는 것이 좋다. 그래야 한다. 죽이 되든 밥이 되든 나는 나로 살아야 내가 나에게 덜 미안할 수 있다.

양들의 의견 때문에 잠을 못 자는 늑대는 없다. 하지만 양도 늑대의 의견 따위에 상관없이 잠을 편안하게 잘 수 있을까? 아마 그렇지 않을 것이다. 눈치와 힘은 비례하는 경우가 많다. 그러나 이때의 '눈치 보기'는 스스로 선택하는 생존 전략이기 때문에 상처가 되거나 성장을 방해하는 요소로 작용하지 않는다.

우리는 다른 사람들이 생각하는 대로 살아야 할 이유가 없다. 공공의 질서와 공공의 이익을 해치는 것이 아니라면 지나치게 남의 눈치에 맞추는 삶을 살 필요는 없다.

당당하게 살아가자. 눈치 보느라 할 말 못하고, 눈치 보느라 할 행동을 하지 못하면 나중에 죽는 것도 눈치를 봐야 할지 모른다.

인간의 존엄성을 기준으로 할 때 힘의 균형은 어느 쪽으로도 기울지 않는다. 있는 그대로의 자신을 사랑하고, 있는 그대로의 모습으로 삶 앞에 당당하게 서자.

삶이 묻는다.
"너에게 하늘 아래
너보다 더 존귀한 존재가 있는가?"

" 사람들이 작당해서 나를 욕할 때 나는 이렇게 생각했다.
네놈들이 나를 욕한다고 해서 내가 훼손되는 게 아니고,
니들이 나를 칭찬한다고 해서 내가 거룩해지는 것도 아닐 거다.
그러니까 니들 마음대로 해 봐라.
니들에 의해서 훼손되거나 거룩해지는 일 없이
나는 나의 삶을 살겠다.
– 김훈

도와주거나 보살펴 주려고 마음을 씀

"네가 배려 없는 사람을 욕한다면,
너도 배려 있는 사람은 아니야!"

사회는 개인이 아닌 다수를 의미하고, 공존을 지향한다. 공존은 왜 중요한 것일까?

이 세상에 오직 나 혼자라면 어떻게 살까, 이것을 생각해 보면 쉽게 이해할 수 있다. 다 사라지고 인간이라곤 오직 나 혼자라면, 생각만으로도 무섭고 끔찍하다.

우리에게 배려가 요구되는 이유는 공존에 있다. 너와 내가 함께 살아가는 삶, 우리는 서로가 서로에게 삶을 가능하게 해 주는 공존의 존재다. '우리'가 없는 '나'는 있을 수 없기에 우리는 공존을 하고, 배려는 공존의 양식과 같다.

자본주의 사회에서 너와 나의 경쟁이야 어쩔 수 없다손 치더라도, 너와 나의 관계가 경쟁이 전부였다면 지금쯤 세상은 어떤 지옥이 되어 있을까? 그랬다면 아마 예수의 사랑이나 부처의 자비는 언젠가 있었던 아주 오랜 옛날이야기로만 남았을 것이다.

아무리 인간 같지 않은 인간이 많아진 세상이라 하여도, 여전히 우리는 공존을 원하고 공존을 해야만 한다. 어떻게 해야 할까?

공존이 잘 기능하려면 인간다움의 범위에서 너무 멀리 벗어나지 않아야 한다. 서로가 서로에게 잘하고 싶은 마음이 사회 구성원들의 내면에서 진심으로 작용하고 있어야 한다.

서로가 서로에게 잘하고 싶어지는 마음, 서로가 서로를 챙겨 주고 싶어지는 마음, 그것을 가능케 하는 행동 가치가 바로 배려다.

인간은 받으면 받은 만큼 돌려주려고 하는 습성이 있다. 그것이 선이든 악이든. 배려를 주고받는 사이가 된다는 것은 매우 인간적인 관계임을 의미한다. 배려는 하는 만큼 받고, 주는 만큼 받는다.

나만 좋으면 그만인 사회보다는 타인의 마음을 헤아리고 보살피려는 배려심이 충만한 사회가 훨씬 더 따뜻하고 안전하며 평화롭고 행복하다. 사람 냄새가 나기 때문이다.

배려는 처세학적으로 볼 때도 꽤 괜찮은 처세술이 될 수 있지만, 그러한 이득을 떠나–배려를 행하면–우리 안에 본래부터 있던 높은 차원의 욕구가 충족이 되며 깊은 보람과 행복을 느낄 수 있는, 인간이기에 맛볼 수 있는 고차원의 기쁨을 체험할 수 있다.

배려는 어떻게 하는 것일까? 어떤 사람들이 배려를 어려워하고 행동으로 옮기지 못하는 이유는, 그럴 마음이 없어서라기보다는 배려를 막연하게 알고 있거나 특별한 무엇으로 잘못 알고 있어서인 경우가 많다.

그러나 배려에 대해서 잘 알지 못해도 배려 사회는 얼마든지 가능하다. 우리 안에 본래 있는 마음들을 외면하지 않으면 배려는 저절로 나오게 되니까.

배려의 팁 하나를 언급해 보자면, '조금 더'와 '조금 덜'을 들 수 있다. '조금 더'와 '조금 덜', 이 두 가지만 잘 기억하고 실생활에서 실천한다면 배려는 저절로 몸에 배게 된다.

내가 조금 더 내고, 내가 조금 더 들고, 내가 조금 더 주고, 내가 조금 더 하고, 배려는 내가 조금 더 하는 것이다. 내가 조금 덜 갖고, 내가 조금 덜 먹고, 내가 조금 덜 하고, 배려는 내가 조금 덜 하는 것이다. 배려는 언제나 '조금'의 헤아림, '조금'의 생각함, '조금'의 차이일 뿐, 거창한 것이 아니다. 하지만 그 혜택은 아주 거창하다.

무엇이든지 거창하게 하려고 하면 대부분 실패한다. 쉽게 하자. 배려도 그렇게 할 수 있다. 우리는 그렇게 배려를 실천할 수 있다. 우리는 그렇게 배려 있는 사람이 될 수 있다.

삶이 묻는다.
"너는 진짜 배려를 해 본 적 있는가?"

   ❝ 인간은 배려를 통해 타인과 처음으로 깊숙이 만난다.
– 제임스 서버

° 분노

몹시 성을 내는 것

> "참는 법도 모르는 주제에 분노하다니!"

너무나 쉽게 화를 내고, 너무나 쉽게 화풀이를 한다. 어떤 사람들은—어쩌면 나도—그렇다. 분노 표출은 우리에게 이미 고치기 어려운 불치병이 되었는지도 모른다. 우리는 너무 예민해져 있다. 지금 우리의 초상이 그렇다.

'사는 게 너무 팍팍해서, 뜻대로 되는 일이 없어서!'라고, 하소연이나 변명을 해 볼 수도 있지만, 그렇다 하더라도 분노 표출이 이해받을 만한 행위가 될 수는 없다.

분노 공화국에서 분노의 시대를 살아가는 우리에게 분노 해소의 방법으로 분노 표출이 아닌 다른 좋은 방법은 금방 떠오르지 않는다. 그래서 누군가는 길을 가다 실수로 어깨를 부딪친 대가로 목숨을 잃기도 한다. 그것은 우리 모두의 일이요 현실이다.

분노는 각종 범죄의 원인이 되고 파괴와 파멸의 원인이 된다. 분노의 불길은 결국 자신을 집어삼키고, 한순간에 인생까지 끝장낼 수 있다는 걸 너무나 잘 알고 있지만, 소용이 없다.

솟구치고 폭발하는, 분노는 불길과 같고 폭탄과 같다. 초기에 가라앉히는 것이 중요하고 더 중요한 것은 터지지 않도록 미리 조심하는 것이다. 이것은 분노를 억지로 참는 것과는 다르다.

분노는 불의 에너지다. 불은 두 가지 방법으로 끌 수 있다. 불과 물. 불을 불로 잠재우려면—불에 탈 수 있는—모든 것이 다 타 없어져야 한다. 자신마저도 타야 끝난다. 분노 행위의 결과가 그렇다.

불은 물로 끄는 것이 가장 피해도 작고 가장 빠르며 가장 확실하다. 물은 이성적 판단이다. 분노의 불씨가 분노의 불길로 커지기 전에 이성이 개입해서 적절한 조치를 하는 것이 가장 좋은 방법이다. 이것은 처음에는 어렵겠지만, 누구나 충분히 할 수 있다.

화가 나면 화를 내자. 분노가 올라오면 분노를 표출하자. 그러나 나의 화냄이 나의 분노가 타인에게 피해를 주게 하지는 말자. 나의 분노 표출로 인해 타인의 분노심이 자극되는 일이 없도록 하자. 그것은 결국 우리 모두를 고통스럽게 하는 결과로 이어질 테니까.

터무니없는 생각일 수도 있지만, 분노 표출을 운동으로 하는 것은 어떨까, 아니면 일로 하는 것은 어떨까? 아무튼, 좋은 방법이 있지 않을까? 아무도 상처받지 않을 방법.

분노는 에너지다. 강한 에너지다. 폭발력이 강하다. 그 에너지를 발전적이고 생산적인 곳에 쓰이도록 할 수는 없을까. 분노 에너지를 감정 표출로-아무 이득도 없이-다 써 버리기보다는, 더 열심히 더 열정적으로 해야 할 일에 에너지로 쓰는 것, 그리고 좋은 성과나 좋은 일로 폭발하게 하는 것, 우리가 할 수 있는 것 아닐까.

분노는 다스려야 할 감정이지만, 다스림은 분노가 일었을 때 필요한 것, 분노와 관련해서 가장 최선은 다스림이 아니다. 가장 좋은 것은 이미 일어난 분노를 다스리는 것이 아니라 분노가 일어나지 않는 것이다.
분노의 파도를 잘 타는 것은 중요하지만, 파도가 일어나지 않는 것보다는 못하다. 그러나 파도 없는 바다가 없듯이 삶에서 우리를 화나게 하고 분노하게 하는 상황은 언제든 발생할 수 있다. 신이 인간에게 조절 능력을 준 이유다.
분노를 잘 조절하지 못하는 것을 분노 조절 장애라고 부르는 것은 분노에 대해 조절하는 것은 특별한 능력이 아니라 정상적인 인간이라면 당연히 갖추어야 하는 보편적 능력이기 때문이다. 분노 조절은 누구나 할 수 있다는 뜻이다.

평소에 감정을 억압해 두지 않는 것이 중요하다. 일상에서 스트레스를 쌓아 두지 않는 것도 중요하다. 마음의 여유를 갖자. 이해하려 하고 유연하게 생각하는 연습을 하자. 이럴 수도 있고 저럴 수도 있는 것이 세상살이 아니던가.

한 가지 짚고 넘어가야 할 것이 있다. 세상살이 인생살이에는 당연한 분노, 정당한 분노도 있다는 점이다. 분노해야 할 때 분노하지 못하는 것도 그리 바람직한 태도는 아니다.

분노에 대한 인식을 바꾸자. 분노는 감정이다. 감정은 에너지다. 감정은 내가 제어할 수 있는 내 마음 안의 일이다. 내가 감정의 것이 아니라, 감정이 나의 것이다. 그 에너지의 주인은 우리 자신이다. 분노는 내가 사용할 수도 있고, 사용하지 않을 수도 있는, 나의 감정이며 나의 에너지다. 에너지는 사용자에 따라 그 결과와 소용 가치가 달라지며, 우리는 분노 에너지 사용자다.

삶이 묻는다.
"너는 너의 에너지를 어디에 어떻게 쓸 것인가?"

66 분노하지 말라.
분노하면
분노하게 된 원인보다 더 큰 해가 있으리라.
– 세네카

° 위기

위험한 시기

왜 이렇게 되었을까! 이유가 뭘까! 어디서 잘못된 것일까! 다시 반복하지 않기 위해서 위기의 원인에 대해 헤아려 보는 것은 지혜로운 일이다. 하지만 그 전에 해 두면 좋을 일이 있다. 바로 위기에 대한 긍정적의미부여.

위기는—그때 왜 그랬냐는—삶의 추궁이다. 위기는 책임에 관한 부분이라고 할 수 있다. 위기를 통해 삶은 우리에게 책임을 추궁한다.

위기는 잘못된 것을 바로잡으라는 삶의 충고이다. 거부할 수는 있지만, 그러면 더 큰 위기 속에 빠지게 될, 그래서 거부해서는 안 되는 삶의 준엄한 명령이 위기다. 충고 뒤에는 경고가 기다리고 있음을 삶은 우리에게 수도 없이 보여 주었다. 인생은 그런 방식으로 우리의 높이와 능력을 잰다. 위기에서 잘해야 하는 이유다.

위기는 나를 바꿀 수 있는 절호의 기회이다. '고인 물과 같은 나'에서 '흐르는 물과 같은 나'로 변화할 수 있는 좋은 기회이다.

위기가 지니고 있는 의미 중에서 우리가 가장 눈여겨봐야 할 대목은, 위기의 목적이다. 위기는 우리를 쓰러뜨리기 위해 찾아오는 것이 아니다. 어떤 사람인지, 어떤 그릇인지, 우리의 됨됨이와 자격의 수준을 정확하게 알아보기 위함, 이것이 위기의 진짜 목적이다.

위 : 위험한
기 : 기간

위 : 위대한
기 : 기회

위기 : 위대한 기회를 품고 있는 위험한 기간

살다 보면 오르막길을 오를 때도 있고, 진흙탕 길을 지날 때도 있다. 인생길에는 시련의 구간, 위기의 구간, 고통의 구간이 있다. 이때가 중요하다. 모든 위험한 구간 속에는 위대한 기회가 숨어 있기 마련이다. 그것이 우주의 법칙이요 세상의 법칙이다. 난세에 영웅이 나오는 이유다. 위기에 처했을 때, 어떤 사람은 그때 기회를 발견하고 인생 역전을 한다.

우리 내면의 수많은 자아 중에서 어떤 자아인가는 '난세의 영웅이 될 자아'가 반드시 있다. 위기에 처했을 땐 그 자아를 깨우는 일이 중요하다. 그러기 위해서는 먼저 '위기'라는 것이 인생에서 어떤 의미이며, 어떤 속성을 지니고 있으며, 어떤 작용을 할 수 있는지에 대해 올바른 인식을 하는 것이 좋다.

위기란, 긍정적 가능성을 내포하고 있는 부정적 상황이다. 겨울 속에 이미 여름 씨앗이 잉태되어 있듯이, 위기 속에 이미 기회의 씨앗이 잉태되어 있다. 그러므로 위기에서 도망을 친다는 것은 기회를 등지고 기회와 점점 멀어짐을 의미한다. 위기에서 가장 최악의 수는 바로 이것이다. 위기를 만났을 때 도망치는 것, 위기에서 도망친 사람은 더 큰 위기를 만나게 된다.

최악의 순간에 할 수 있는 최고의 방법은 '정직함'과 '내려놓음' 그리고 '맡김'이다. 위기가 오면 진실해야 한다. 헛된 욕심을 버리고 정직한 열정을 다한 후 결과에 연연하지 않는 것, 너무나 평범해 보이는 이것이 위기에 대처하는 최고의 방법이다.

수렁에 빠진 사람이 막무가내로 발버둥 치는 것만큼 최악은 없다. 인정하고 받아들이고 겸허하고 진실하게 할 수 있는 최선을 다하는 것, 그러나 끝내 절망하지는 않는 것, 비록 만신창이가 될망정 끝내 쓰러지지 않는 사람, 위기는 그런 사람을 더 큰 기회로 안내한다.

위기는 고비다. 고비는 막다른 단계다. 전혀 다른 흐름이 기다리고 있는 막다른 단계, 그것이 위기이다. 삶은 그러한 방식으로 우리에게 새로운 문을 열게 한다.

위기의 진짜 이름은 '신호'다. 다르게 하라는, 다르게 살라는 신호. 빨간 신호는 비록 우리를 멈추게 하지만, 빨간 신호 덕분에 우리는 안전할 수 있다. 위기는 우리를 불편하게 하는 빨간 신호와 같다. 결국엔 우리에게 이로운 신호.

삶이 묻는다.

"위기에서 너는 어떻게 할 것인가?"

" 중국인은 '위기'를 두 글자로 쓴다.

첫 자는 '위험'의 의미이고,

둘째는 '기회'의 의미이다.

위기 속에는 위험을 경계하되 기회가 있음을 명심하라.

– 케네디

° 잠재력

드러나지 않고 속에 숨어 있는 힘

"네 안에 잠든 거인을 깨워라!"

너무 많이 보고 너무 많이 들어서 이제는 새롭지도 놀랍지도 않은 이 말을, 그럼에도 불구하고 또다시 꺼내는 이유는, 잠재력이 여전히 잠만 자고 있기 때문이다. 한 번도 깨어난 적이 없기 때문이다. 아니, 한 번도 깨워 본 적이 없기 때문이다. 그리고 이제는 정말 깨워야 할 시간이기 때문이다.

읽거나 듣기만 해서는 아무 소용이 없다. 내 안에도 거인이 있다는 것을 믿어야 하고, 잠들어 있지만 깨우는 시도를 해야 한다. 믿음과 실행, 그것이 아니면 내 안에 잠든 거인은 영원한 잠에 빠지고 만다.

"믿어라!"
"깨워라!"

어떻게 해야 할까? 아쉽게도 비법이 없다. '내 안에는 무한한 잠재력이 있다!'고 믿고 깨우는 수밖에. 그것을 매일 하는 것밖에 달리 특별한 방법은 없다.

너무 오래 잠들어 있어서 금방 깨어나지 않을 수도 있다. 너무 깊이 잠들어 있어서 깨우는 소리를 듣지 못할 수도 있다. 그러나 그래도 깨어날 것이다. 매일 흔들고 소리 질러 깨우면 반드시 깨어날 것이다.

조금만 더 흔들자. 조금만 더 큰 소리로 깨우자. 그것을 멈추지 말자.

삶이 묻는다.
"네 안에 잠든 거인은 왜 일어나지 않는가?"

❝ 우리는 스스로 생각하는 것보다
훨씬 더 많은 것을 가지고 있다.
– 벤저민 스포크

° 질투심

남을 부러워하는 마음

"부럽다!"

살면서 이 속 쓰리는 말을 몇 번이나 삼켜야 할까.

타인의 삶 속에서 우리는 자신의 마음을 본다. 누군가를 만날 때마다 우리는 부러움에 빠져 허우적대는 자신을 만난다.

세상은 곧 사람이요, 사회생활이란 건 인간 생활. 살아있는 한, 그리고 살아가는 한 사람을 벗어날 수 없고, 부러움은 산 자의 숙명 같은 것이다. 행복의 최대 걸림돌인 부러움을 넘지 못하면 마음의 평화는 늘 멀기만 하다.

부러우면 진다는 말이 있는데, 사실 부러움은 우리를 발전하게 하는 성장 동력이다. 나보다 더 멋진 옷, 더 멋진 차, 더 좋은 집을 가지고 있는 사람이 부러워서, 나보다 더 돈 많은 사람이 부러워서, 나보다 더 잘나가는 사람이 부러워서, 우리는 더 열심히 돈을 벌고, 더 많은 노력을 한다. 부러움은 성공의 언덕 위에서 내밀어 주는 손처럼 삶의 질을 끌어올려 주는 긍정적 역할을 하기도 한다. 질투의 이면엔 자기 발전이 있다.

그렇지만 질투에 빠지면 위험할 수 있다. 질투의 속성은―단순한 부러움의 차원이 아닌―그 대상에 대한 미움과 분노이기에 질투심은 자칫 위험한 감정이 될 수도 있다.

질투는 질투를 부른다. 에너지는 쓰면 쓸수록 소진되지만, 질투에 쓰이는 에너지는 쓰면 쓸수록 강해지고 늘어난다. 그 결과 질투는 파괴를 부른다.

사소한 질투로 시작된 끔찍한 범죄가 갈수록 늘어가고 있다. 질투의 자아는 파괴 본능을 가지고 있다.

어쩌면 질투심은 학습된 마음이 아니라 원래부터 우리 안에 있었던, 태어날 때 우리가 이미 가지고 있었던 마음인지 모른다.

인간은―어쩌면, 모든 존재는―본디 '남보다 더 나은 나'이고 싶어 하고, 남이 가진 것은 나도 가져야 마음이 편안하다. 이것은 본능이다. 그래서 우리는 '나보다 더 나은 남'을 보면 부러움이 생기고 질투심이 생긴다. 질투하는 마음에 대해 이해하는 마음을 갖도록 하자. 내 안의 질투를 보든, 타인의 질투를 보든 그렇게 하자.

질투심은 에너지다. 강한 에너지다. 솟아오르는 불길처럼 성난 에너지다. 그 에너지가 마이너스 작용을 할지 플러스 작용을 할지는 자신이 하기 나름이다. 확실한 것은 평범한 에너지는 아니라는 점.

누군가는 그 에너지를 성공을 앞당기는 에너지로 쓰고, 누군가는 그 에너지를 파괴하는 데에 쓰기도 한다. 하지만 질투 에너지를 잘 다루었던 사람을 역사적으로 찾아보기 힘들다는 점에서 질투 에너지는 삶에 마이너스가 될 확률이 매우 높다.

질투에 대해 우리가 해야 할 일은 명확하다. 부러움은 부러움으로 끝나게 하는 것, 부러움이 질투의 불길로 번지지 않도록 하는 것, 어쩔 수 없이 질투심에 발동이 걸렸다면 그 또한 에너지임을 알아차리고, 최선을 다해 그 에너지를 긍정적인 쪽으로 전환시키는 것.

삶이 묻는다.
"너는 질투 에너지를 어디에 쓸 것인가?"

" 질투심을 느낄 때, 나는 네 번 괴로워한다.
우선 질투하는 것 자체가 괴롭고,
질투하는 나 자신을 책망하는 것이 괴롭고,
내 질투심이 상대에게 상처를 줄까 봐 괴롭고,
내가 그런
시시한 감정에 굴복할 수밖에 없다는 것이 괴롭다.
– 롤랑 바르트

° 열등감

상대보다 자신이 뒤떨어졌다고 여기는 감정

"넌 열등감을 버려야 해.
열등감은 널 생지옥으로 데려갈 거거든."

열등감은–원래는 없었으나–학습으로 갖게 되는 감정이다. 열등감은 비
교 심리가–부정적으로–강하게 작용해서 생긴다.

'나보다 상대방이 더 잘나 보일 때' 질투심이 올라오고, '상대보다 내
가 더 못나 보일 때' 열등감이 올라온다. 언뜻 보면 같은 것 같지만, 이
두 감정은 서로 다르다.

질투는 내 의식이 부러움의 대상인 상대에게 집중이 되고, 열등감은
한없이 못나 보이는 자신에게 의식이 집중된다. 상대에게서 시선을 떼
지 않으면 질투심은 쉽게 사라지지 않고, 자신에게서 시선을 떼지 않으
면 열등감은 쉽게 사라지지 않는다. 질투의 주체는 상대에게 있고, 열등
의 주체는 자신에게 있다.

나는 갖지 못한 것을 가진 타인을 볼 때, 우리는 질투심을 느낀다. 타인이 가진 것을 갖지 못한 자신을 볼 때, 우리는 열등감을 느낀다.

눈에 보이는 현상은 같은데 마음의 창, 그 끝이 어디로 향하고 있느냐에 따라 질투심과 열등감은 달라진다. 질투심은 마음의 창끝이 상대에게 향하고 있어서 그 창은 상대를 찌른다. 그러나 열등감은 마음의 창끝이 자신에게 향하고 있어서 그 창으로 자기 자신을 찌른다. 질투심이 생기면 상대를 괴롭히고 싶은 마음이 생기고, 열등감은 자기 스스로를 괴롭힌다.

인간관계에서-특히 사랑하는 사이에서-질투는 의심을 동반하기도 하고, 어떤 경우에는 증오로 발전하기도 한다. 반면 열등감은 인간관계에서-자꾸 피하려고 하므로-거리감을 만들고, 어떤 경우에는 극단적 좌절로 이어지기도 한다. 질투심과 열등감이 도를 넘으면 일어나지 않아야 할 일이 일어날 수도 있다.

부러워하는 마음은 사실 건강한 마음이다. 하지만 자신을 못나게 여기는 마음은 건강하지 못하다. 제어만 할 수 있다면 질투심은 크게 문제 되지 않는다. 그러나 열등감은 심하지 않더라도 문제가 될 수 있다. 그러므로 열등감이 느껴지거든 미루지 말고-열등감이 커지기 전에-미리 싹을 자르는 것이 좋다.

질투는 그 자체로는 크게 문제 되지도 위험하지도 않다. 하지만 질투심을 마냥 방관해 둘 수는 없다. 질투심이 계속되면 의심을 낳고, 질투심이 커지면 열등감도 커지니까.

극도의 경쟁 사회가 된 이 시대에는 특히 더-질투심이나 열등감에 대한-관리가 필요하다. 세상은 끝없이 경쟁을 부추기고 그 틈에서 우리는 저절로 비교 습관을 갖게 되니까.

질투심은 자기 발전의 동력으로 쓰이는 긍정적 역할을 할 수 있지만, 열등감은 에너지가 자기 발전으로 쓰이기보다는 자기 학대로 쓰일 확률이 높다. 물론 그 반대가 될 수도 있다. 질투심은 마음의 방향에 영향을 미치지만, 열등감은 인생의 방향에 영향을 미친다. 하지만 질투심이 인생의 방향에 영향을 미치는 경우도 적지 않다.

질투심 속에는 자신도–상대처럼–그렇게 되고 싶은 욕심이 들어 있고, 열등감 속에는–상대와 비교하면–그렇게 되지 못하는 자기 비하가 들어 있다.

질투를 왜 '질투감'이라 하지 않고 '질투심'이라고 할까? 열등을 왜 '열등심'이라고 하지 않고 '열등감'이라고 할까? 질투는 마음과 관계되어 있고, 열등은 감정과 관계되어 있기 때문이다. 감정은 대체로 진실을 있는 그대로 보지 못한다. 자기 기분에 의해 잣대가 늘 변하기 때문이다. 모든 열등감은 진실이 아니라 자기 기분이 만들어 낸 가짜다. 즉 열등감은 자신이 선택한 감정이며 수정 가능한 감정이다.

우리는 가지고 있는 능력이 서로 다르다. 우리는 더 잘하는 점과 더 못하는 점을 동시에 가지고 있다. 야구 선수가 축구를 잘하는 선수와 축구를 못하는 자신을 비교하며 자책을 한다면 어떻게 될까?

한없이 못나 보이는 자신에게도 잘난 점 하나쯤은 분명히 있고, 아무리 잘나 보이는 사람에게도 못난 점은 반드시 있게 마련이다. 그러므로 그 누구도 열등감을 정당화시킬 수 없다. 잣대를 바꾸면 그 누구도 못난 사람이 아니니까.

비교, 제발 그만하고 싶은 우리지만, 그게 결코 쉽지만은 않은 우리이기에, '잣대 들이대는 법'을 배우고 연구할 필요가 있다.

잣대는 기준에 맞게 대야 하고, 기준은 언제나 '나에게 유리한 쪽'으로 하자. 자신의—단점이 아닌—장점을 기준으로 하고, 무엇보다 '나는 있는 그대로 소중하다'는 존재 의식을 갖도록 노력하자. 인간은 누구나 있는 그대로 고귀하다. 우리는 모두 인간이다.

꿈, 자신의 꿈을 점검하자. 없다면 지금이라도 정하도록 하자. '내 인생에서 내가 진짜 원하는 것은 무엇인가?' 고민해 보고 그에 알맞은 꿈을 정하도록 하자. 꿈을 향해 열심히 달려가자. 질투 에너지를 꿈에 쏟도록 하자. 이바지하는 삶을 살아가자. 봉사도 좋고 작은 선행도 좋고, 세상에 도움이 되는 삶을 살아가자. 보람이 있는 사람의 가슴에는 열등감이 끼어들 자리가 없다.

질투심이나 열등감이나 내버려두면 시간이 갈수록 영혼까지 너덜너덜해지게 된다. 우리는 더러 자신의 마음과 감정에 적극적으로 개입해야 할 때가 있는데, 질투와 열등이 바로 그렇다. 우리는 누구도 열등하지 않다.

삶이 묻는다.
"언제까지 열등한 인간으로 살 텐가?"

66 열등감은 스스로 인정하지 않는 한 절대로 생기지 않는다.
– 엘리너 루스벨트

° 행운

좋은 운수

> "너에게 행운이 안 올 리가 없어.
> 행운은 사람하고 연결되어 있는데,
> 너의 삶에는 늘 사람이 있으니까!"

권태는 어디에서 오는가, 편안함에서 온다. 너무 오래가는 안전은 위험과 다르지 않다. 시간이 갈수록 퇴보할 것이기 때문이다. 불운은 어디서 오는가, 안일함에서 온다. 아무것도 하지 않으려는, 해야 할 것을 하지 않는, 그 정체에서 불운은 시작된다.

행운은 좋은 에너지이고, 그 에너지는 '움직임'을 통해서 생겨난다. 몸과 마음의 움직임. 그러므로 행운을 얻기 위해 우리가 할 수 있는 것으로 첫 번째는 다양한 에너지를 만나는 것이다. 다양한 장소, 다양한 사람, 다양한 경험을 통해서.

행운 속에 불운의 씨앗이 있고, 불운 속에 행운의 씨앗이 있다고 한다. 그러므로 지금 불운의 심한 핍박을 받고 있다고 해서 포기하거나 절망하지는 말자. 대신에 불운 그 깊은 곳 어딘가에 있을 행운의 씨앗을 찾는 수고를 기꺼이 하자. 차라리 불운 속으로 한 발 더 들어가는 건 어떨까.

행운의 끝은 불운의 시작이요, 불운의 끝은 행운의 시작이다. 행운 다음 행운, 이런 흐름은 좀처럼 보기 드문 것이 인생의 흐름이다. 불운 다음 불운, 이 또한 흔한 일은 아니지만 가끔은 그럴 수도 있다. 하지만 끝까지 가는 불운은 없다. 불운 흐름을 잘 보내야 행운 흐름으로 갈아타기가 쉬워진다. 잘하자. 설령 되는 일이라곤 하나 없는 불운 속에 있다 하더라도 잘하자. 우리는 모두 잠재적 행운아들이니까.

행운이나 불운이나 그 기운은 언제나 우리 주위를 맴돌고 있다. 다만 우리가 때로는 행운에 도취해서 때로는 불운에 시달리느라 그 기운을 느끼지 못할 뿐이다. 마음이 인생의 궤도에서 벗어나지 않도록 해야 하는 이유다.

지금 불운하다 하여 무턱대고 행운을 찾아 나서지는 말자. 대신에 필요한 힘을 기르고 덕을 쌓는 행위를 더 하자. 행운은 내가 찾아간다고 해서 아무 때나 만나 주지 않는다. 하지만 그렇다고 아무것도 하지 않은 채 안에만 박혀 있지는 말자. 만나 주지 않더라도 왔다 간다고 알리기는 해야 하니까.

행운은 사람 등에 업혀서 오는 경우가 많다. 물론 불운도 그렇다. 그러므로 마음의 때 벗기기를 게을리하지 말고, 행동이 절제에서 크게 벗어나지 않도록 하고, 인생에 집중하도록 하자. 불운에 가까운 사람이 아닌 행운아들이 더 많이 더 가까이 다가올 수 있도록.

절대 조건, 자신을 믿어야 한다. 자신의 인생과 자신의 운명을 믿어야 한다. 자신도 믿지 못하는 사람이 어찌 행운의 여신을 믿을 수 있을까? 그 마음을 눈치를 채지 못하는 신은 없다. 그때는 신도 우리를 의심하고 가까이 오지 않으려 한다. 진심을 다해야 하는 이유다.

행운이 좀처럼 오지 않는다면 어떻게 해야 좋을까? 더욱 사랑 있는 가슴으로, 더욱 용기 있는 자세로 삶에 임해야 한다.

절대 법칙, 불운이 오거든 다른 건 다 해도 포기와 절망만은 하지 말아야 한다. 행운의 여신은 강한 사람을 좋아한다. 언제 어디서 행운의 여신이 보고 있을지 모른다. 행운이 오거든 다른 건 다 해도 오만과 방심만은 하지 말아야 한다. 불운의 신이 아주 좋아하는 덕목들이니까.

아직 준비되지 않았을 때 불행이 찾아왔던 것처럼, 행운 또한 그렇게 어느 날 불쑥 찾아올 수 있다. 어쩌면 그 좋은 때가 오늘일지도 모르는 것, 그것이 인생이요, 그것이 행운이다.

삶이 묻는다.
"너는 무엇으로 행운의 여신을 부를 것인가?"

❝ 행운은 구하는 것이 아니라 그저 맞아들이는 것이다.
– 박노해

° 용서

잘못에 대하여 덮어 줌

"죽어도 용서할 수 없어!"

죽어서까지 용서할 수 없다니, 소름이 끼친다. 도대체 무엇이 우리를 이렇게 만드는 걸까?

용서하지 않으려는 이유는 뭘까? 마치 인생에서 더는 중요한 일이란 없는 것처럼, 용서하지 않겠노라 각오하고 결의까지 다지는 이유는 뭘까? 이유가 있기는 한 것일까? 그저 너무 화가 나서, 너무 억울해서, 용서하지 않는다는 것이 무엇인지도 모르는 채 그러는 것은 아닐까?

용서는 늘 쉽지 않은 일이다. 용서하기에는 쌓인 원망이 너무 깊고 도저히 분이 풀리지 않기 때문이다. 용서해야—결국 자신에게—좋다는 머리의 말을—상처받은—가슴이 듣지 않는 것이다.

용서하면—용서를 받는—그 사람을 편안하게 해 주는 것 같고, 자신은 손해를 보는 것 같은 심리적 착각도 용서를 방해한다.

용서하면 손해 보는 것이 아니라 용서를 안 했을 때 손해를 보고, 용서하면 그 사람이 편안해지는 것이 아니라, 용서하면 내가 편안해진다는 것을, 우리는 이미 알고 있다.

용서하지 못하면 가슴은 더 멍이 들고, 시간이 갈수록 그 멍은 점점 더 심해진다는 것도 우리는 알고 있다. 우리는 용서의 자아를 좀 더 강하게 설득시켜야 한다.

원망이나 분노는 이성적 자아가 미처 알아차릴 겨를도 없이 부지불식 간에 가슴을 점령하고, 좀처럼 그곳을 비워 주지 않지만, 그래도 참 자아는 끝까지 용서의 편이어야 하고, 그 방법만이 가슴이 다시 사랑을 회복할 수 있는 길이다.

죽어도 용서하지 않으려는 마음이라니, 이 얼마나 어리석고 허망한 일인가.

용서를 배우자. 용서하기에 용기를 내 보자.

용서는 '마음의 평화를 위한 숙제'와 같다. 숙제는 하지 않으면 갈수록 부담이 된다. 미루면 미룰수록 하기가 어려워진다. 숙제는 내준 사람을 위한 것이 아니라, 하는 사람을 위한 것, 미루지 말자. 되도록 빨리 하자. 어서 하고 마음 편히 살자.

갈수록 용서는 어려워지는데, 갈수록 용서가 필요한 사람들은 늘어나고, 갈수록 가슴은 머리의 말을 듣지 않는데, 갈수록 가슴을 아프게 하는 일들은 늘어난다. 용서 대신 앙갚음을 선택하는 사람들이 늘어나고, 용서로 상생의 길을 선택하는 사람보다 즉각적인 분노 표출로 서로에게 상처가 되는 길을 선택하는 사람이 점점 많아지고 있다.

용서하지 못하는 사람들, 용서받지 못하는 사람들, 이런 사람들이 많아질수록 세상은 더 많은 절망과 더 많은 위험과 더 많은 한을 지닌다. 결국, 우리 모두의 슬픔이 되고, 우리 모두에게 짐이 된다. 이 시대는 용서를 원하고 있다. 우리 모두의 용서를.

삶이 묻는다.
"용서하지 못함은 누구를 위한 것인가?"

" 상처를 준 사람이 용서를 구할 때까지
기다리지 마라.
용서는 그들이 아니라
당신 자신을 위한 것이기 때문이다.
— 릭 워렌

° 두려움

무서운 느낌

> "네가 두려운 건 네가 인간이기 때문이야.
> 혹시 인간이 아니고 싶은 거니?"

'어떻게 하면 두려움에서 해방될 수 있을까?' 이 질문보다, '도대체 두려움이란 무엇일까?' 이렇게 묻는 것이 먼저가 아닐까?

두려움은 본능이다. 살아있는 한 끝까지 함께해야 할 감정의 분신 같은 것이다. 그러므로 두려움에 대한 인식부터 바꾸는 게 좋다.

살아가면서 우리는 다양한 상황 앞에 놓이게 되고, 그중 어떤 상황은 우리를 몹시도 두렵게 만든다. 어쩔 수 없다. 인생에서 상황이란 그 자체로 삶이고, 두려움을 불러일으키는 상황은 시시때때로 발생하니까. 그때 스스로 물어야 한다. '이 두려움을 어떻게 할 것인가?'.

삶이 계속되는 한 두려움을 삶에서 완전하게 떼어 낼 수는 없다. 두려움은 어쩔 수 없다. 다만 두려움을 어떻게 받아들이고 어떻게 소화할 것이냐를 고민할 수 있을 뿐이다.

본디 두려움은 자신을 지키려는 마음이지 망치려는 마음이 아니다. 두려움을 느끼지 못한다면 우리는 하지 말아야 할 위험천만한 일도 서슴지 않고 할 것이고, 그러다 보면 숱한 위기에 빠지게 될 것이다. 두려움은 자신을 보호하는 마음이다. 고로 두려움은 좋은 것이다. 우리는 그래서 두려워하는 자신을 부끄러워할 필요가 없다.

두려움이 길을 막는 때도 많다. 하지만 그렇다고 해도 두려움에서 도망치지는 말자. 두려우면 두려움을 인정하자. 두려울 땐 두렵다고 하자. 두려우면 두려워하자. 하지만 하던 일을 멈추거나, 하려고 했던 일을 포기하거나, 가던 길을 멈추지는 말자. 두려우면 두려운 대로 하자. 두려우면 두려운 대로 가던 길을 가자. 그것이 두려움으로부터 인생을 지키는 최고의 방법이다.

두려움을 피하려 하지 않는 것, 두려움을 거부하지 않는 것이 중요하다. 두려우면 그 두려움을 인정하자. 아니라고, 두렵지 않다고, 인정하지 않거나 거부하지 말자. 두려우면 두려운 거다. 두려운 상황을 두려워하는 것은 지극히 정상적이다. 두려울 땐 두려워하자. 다만 두려움에도 불구하고 할 일을 하고 갈 길을 가자.

두려움은 에너지다. 에너지는 흐른다. 두려움도 흐른다. 에너지는 더 강한 에너지에 흡수된다. 두려움보다 더 강한 긍정의 요소를 발견하면 두려움은 힘을 잃는다. 인생에서 일어나는 일이란 어떤 경우에든 긍정적인 요소를 품고 있다. 그러므로 두려움이 일거든 두려움 너머에 있을 다른 좋은 요소들을 찾는 것으로 도움을 받을 수 있다.

　모든 욕망이 소멸한 마음에서는 두려움의 싹이 자라지 않는다. 모든 것을 포기한 사람에게는 두려움이라는 감정이 생겨나지 않는다. 내 안에 두려움이 있다는 것은 내 안에 욕망이 있다는 증거이고 희망이 있다는 증거다. 하고 싶은 뭔가가 있다는 것이다. 더 잘 살아 보고 싶은 마음이 있다는 것이다. 그래서 두려운 것이다. 안 될까 봐, 잃을까 봐 두려운 것이다.

　잃어도 좋고 안 돼도 좋다면, 아무런 소망도 아무런 기대도 없다면 두려움도 생기지 않는다. 두려움은 살아있는 자의 살아 있으려는 마음에서 생긴다. 두려운 마음이 든다면 제대로 살아있다는 뜻이다.
　두려움은 그 자체로 희망이다. 두려울 땐 이렇게 되뇌어 보자.
　"아, 내 마음이 희망을 품고 있다는 증거구나!"
　두려움은 비겁한 자의 증거가 아니라 자신 안에 희망이 있다는 증거임을 명심하자.

　정작 두려운 것은 두려워해야 할 상황에서 두려움이 전혀 안 생기는 것 아닐까. 두려움을 모르는 것, 인생에서 가장 두려운 것은 바로 그것이 아닐까. 두려움이 없다는 것은 거의 둘 중 하나이다. 모든 희망을 포기했거나, 알아차리지 못했거나. 어떤 경우든 마음이 황무지가 되는 것은 피할 길이 없다.

　인생이 두려움을 이겨내지 못하면 두려움이 인생을 이기게 된다. 하지만 두려움을 잘 다스리면 긍정적인 결과로 이어진다. 두려움을 이기는 길은 두려워도 도망치지 않는 것이다. 두려우면 두려운 대로 그래도 하는 것이다. 삶과 두려움은 떼려야 뗄 수 없으니까.

삶이 묻는다.
"두려움 너머에 무엇이 보이는가?"

" 두려워해야 할 유일한 것은 두려움 그 자체이다.
– 프랭클린 D. 루스벨트

° 인내

참고 견딤

"너는 또 인내를 버렸군!"

시대가 변하면 요구되는 가치들도 변하기 마련인데, 인내라는 가치는 천 년 전이나 지금이나 여전히 똑같은 의미, 여전히 똑같은 이유, 여전히 똑같은 무게로 존재한다. 이유가 뭘까? 인내가 지니고 있는 가치 때문일까, 아니면 인내의 또 다른 의미 때문일까?

왜 인내해야 하는지, 인내하면 뭐가 좋은지, 너무나 잘 알고 있지만, 왜 인내하지 못하는 것일까? 우리는 이미—인내하지 못하는—그 이유도 너무나 잘 알고 있다. 그래서 인내에 관해서는 달리 들을 조언도 찾기 어렵다. 몰라서 안 하거나 몰라서 못하는 시대가 아니다. 알지만 안 하고, 알면서 못 한다. 할 수 있지만 안 하고, 할 수 있으면서 못 한다.

도대체 인내란 무엇일까? 참고 견디는 것? 아니, 인내는 그 이상이어야 한다. 그래야 인내의 가치가 산다. 그래야 다시 인내를 해 볼 수 있다.

인내는 인간을 재는 우주의 잣대이다. 인내가 필요한 상황은 자신이 어떤 사람인지 스스로 밝히게 만든다. 신은 그런 식으로 우리의 참모습을 보려 한다. 인간의 그릇을 측정하는 신의 도구, 그것이 인내다. 그래서 신의 도움이 필요한 큰일들은 대부분 충분한 시간이 지난 다음에야 이루어진다. 신이 인내를 통해 충분히 살펴본 후에야 인간의 소원은 이루어진다. 시대가 변해도 여전히 인내가 중요한 이유다.

삶이 묻는다.
"네 욕심의 크기만큼 너의 인내심도 그러한가?"

❝ 우리는 인내하도록 만들어졌다.
그것이 우리가 누구인지 알 수 있는 방법이다.
– 토비아스 울프

◇

◇

삶, 그 아슬아슬한 여행

삶이란 여행이라는 것을,
간간이 하는
여행을 통해 알아차리곤 한다.
산다는 것은 여행,
생의 종착역에 다다를 때까지
매일 하는 여행.
그리고
또 이어지는 존재의 여행…

이   연   정

° 마음

생각, 감정, 기억 등 내면의 총체적인 작용

"네 인생인데
그곳에 왜 네 마음은 없니?"

왜 그럴까? 왜 마음 가는 대로 몸은 가지 않는 걸까? 혹시–마음 가는 대로–안 가는 것이 아니라 못 가는 것은 아닐까? 때로는 안 가고 때로는 못 가는 것이겠지만, 그래서 인생사 마음먹기 나름이니, 인생이 어디 마음먹은 대로만 되니 하는 소리를 하겠지만, 마음이 쉽지 않은 것만은 분명한 듯하다.

마음이 나를 떠나고, 마음이 지금을 떠나고, 마음이 여기를 떠나고, 마음이 자꾸만 삶의 중심에서 떠나 밖을 배회하기 때문일까. 마음이 마음 안에서 나오지 않아서일 수도 있고, 마음이 마음을 다하지 못해서일 수도 있고, 이유는 많을 듯하다. 그래서일까?

"마음, 마음이 뭐가 중요해요?"

"마음, 숱하게 먹어 봤어요."

"그런데 안 됐어요."

이런 허탈한 외침들이 나오기도 한다. 정말 마음은 아무 소용없는 걸까. 그렇지는 않을 것 같다. 마음이 중요하다는 것은 모든 성자가 수천 년 전부터 외쳐왔으니까. 그런데도 마음이 별것 아닌 것처럼 여겨지기도 하는 이유는 뭘까? 마음대로 되지 않아서다. 마음과 행동이 같지 않아서다. 마음과 인생이 같지 않아서다. 마음이 마음 안에만 있기 때문이다.

마음에 관한 화두만큼이나 오래도록 끈질기게 사람들의 관심을 끄는 주제가 있을까. 모든 종교, 모든 스승, 모든 분야, 모든 수행, 모든 방법론 등 세상 곳곳에서 '마음'을 도구 삼아 장사를 하고 돈을 번다.

마음이—절대적으로 중요하긴 하지만—중요해서가 아니다. 마음대로 잘되지 않아서다. 인간이, 그리고 인생이 마음대로 잘되지 않아서 사람들은 '마음'을 앞세워 장사를 한다. 마음과 삶이 어긋나서 그 어긋남을 바로잡아야 하는데 그것이 마음처럼 쉽지 않기 때문이다. 마음이 마음대로 되지 않기 때문이다. 그럼에도 불구하고 마음을 마음대로 해야만 삶이 수월하기 때문이다. 그래서 마음을 장사 밑천으로 삼는 이들이 많다.

"마음이 예쁘면 뭐해? 행동이 안 예쁜데!"

인간은 마음으로 규정되지 않는다. 마음의 한계다. 인간에 대한 평가는 그 마음이 아니라 그 행동 때문에 정해진다. 마음이 아무리 착하다

한들 그 행동이 착하지 않으면 그 사람은 착하지 않다.

마음의 뜻과 전혀 다른 행동이 나오는 경우는 드물다. 행동의 근간은 마음이다. 마음이 중요한 이유다. 다만 행동으로 나타나지 않는–행동과 전혀 다른–마음도 있다. 문제는 여기에 있다. 행동화되지 않는 마음, 마음과 다르게 삐딱하게 나오는 행동, 이것이 마음의 길과 인생의 길을 다르게 한다.

마음과 따로 노는 행동은 진실 됨이 없다. 오래갈 수도 없고 좋은 쪽으로 이어지기도 어렵다. 모든 마음이 다 행동으로 이어지는 것은 아니지만, 그렇다고 없는 마음을 행동으로 나오게 하는 것도 쉬운 것은 아니다. 몸과 마음의 일치, 우리에게 가장 어려운 일은 아마도 이것일 듯하다.

마음이 제대로 움직이게 하는 것, 마음이 몸으로 움직이게 하는 것, 어렵지만 이것이 중요하다. 마음이 사랑과 함께 움직이고, 진리와 함께 움직이고, 감사와 함께 움직이고, 마음이 현재와 함께 움직이고, 인생과 함께 움직이게 하는 것, 마음이 마음 안에서 밖으로 나와 제때에 제대로 움직이는 것, 그래야 마음이 가는 길과 사람이 가는 길, 그리고 인생 길이 같아진다.

세상에서 가장 어려운 일이 타인의 마음을 얻는 일이다. 마음의 문을 열기도 어렵지만, 설령 그 마음의 문을 연다고 하더라도 그 안으로 들어가 그곳에 내 마음을 심어 놓는다는 것은, 그곳이 아무리 기름진 옥토라 해도 쉽지 않다.

우리는 평생–누군가의–마음에 들기 위해 애를 쓰며 산다. 선생님 마음에 들기 위해, 친구들 마음에 들기 위해, 사랑하는 사람 마음에 들기 위해, 직장 상사 마음에 들기 위해, 우리는 모두 서로 누군가의 마음에 들려고 애쓰는 사람들이며, 우리에게 그것은 절대 사소하지 않다. 하지만 마음을 다하는 노력에도 불구하고–마음에 들어야 할 누군가의–마음에 드는 일은 마음처럼 쉽지 않다.

마음은 머물거나 지나간 모든 자리에 이야기를 남긴다. 어느 길 어느 가로등도, 어느 하늘 어느 구름도, 어느 사람 어느 몸도, 어느 시간 어느 바람도, 마음은 이야기를 남긴다.

마음이 머물거나 지나간 모든 것들에 흔적이 남는다. 어느 식당 어느 식탁 위에도, 어느 사람 어느 가슴에도, 어느 시간 어느 순간에도, 마음은 흔적을 남긴다. 우리는 '마음 씀'을 잘해야 한다.

좋은 마음, 나쁜 마음으로 구분되는, 마음 안에는 무수히 많은 종류의 마음들이 있다. 사랑하는 마음 미워하는 마음에서, 살리고 싶은 마음, 죽이고 싶은 마음까지. 그 모든 마음이 나를 위해서, 내 인생을 위해서 움직여야 할 때 제대로 움직일 수 있다면 얼마나 좋을까.

대체로 마음은 마음의 말을 잘 듣지 않는다. 작심삼일이라는 말도 그래서 나오지 않았을까. 사람 잘 바뀌지 않는다는 말도 그렇게 생겨났을 것 같다. 하지만 그럼에도 우리가 마음에 집중해야 하는 이유는, 마음의 도움이 아니면 사랑도, 성공도, 행복도 제대로 누릴 수가 없기 때문이다.

마음이 지금 여기 이곳에 머물도록 하자. 마음이 내게 머물도록 하

자. 마음이 인생에 머물도록 하자. 마음이 나를 떠나 있지 않도록 하자. 마음이 있어야 할 시간 있어야 할 곳에 있도록 하자. 마음이 움직여야 할 때 제대로 움직이게 하자. 마음이 마음의 말을 잘 듣게 하자. 온전히 그렇게 하자.

간혹 마음이 실망하게 하더라도, 마음을 다해 마음을 알아차려 주자. 마음을 건성으로 이해하는 것이 아닌, 진짜로 이해해 주고 진짜로 보듬어 주자.

내가 내 마음을 알아주고 이해해 주고 보듬어 주자. 마음이 나를 떠나더라도 나는 마음을 떠나지 말자. 마음의 길과 인생의 길이 비록 다를지라도 마음을 사랑하자. 마음을 다해 내 마음을 사랑하고, 내 마음에 대한 사랑만큼은 내 마음대로 하자.

삶이 묻는다.
"너의 마음인데 왜 그 안에 네가 없는가?"

" 인간을 지배하는 것은
운명이 아니라
자신의 마음이다.
– 프랭클린 D. 루스벨트

해답을 요구하는 물음

"이 문제 풀어 볼 사람?"

예쁜 선생님과 함께하는 즐거운 놀이였던 '문제 풀이'가 언제부턴가 삶 곳곳에서 곤란케 하고 힘들게 하며 좌절하게 한다. 어른이 되었다는 증거다.

'가지 많은 나무에 바람 잘 날 없다!', 과연 그럴까? 가지가 많아서 바람이 불어오는 걸까? 아니다. 가지야 많든 적든 바람은 불어오고 가지는 흔들린다.

사람 사는 곳에 당연히 문제는 생겨나고, 인생길을 가다 보면 길은 수시로 막히고 장애물은 곳곳에서 발생한다. 사람 사는 곳이 그렇다. 인생살이가 그렇다. 문제는 삶의 한 부분일 뿐이다! 이렇게 마음먹는 편이 낫다. 쉽지는 않지만.

어떻게 보면 인생은 문제 풀기 게임이다. 인생을 마칠 때까지 우리는 매일 문제를 푼다. 시험 문제, 취업 문제, 연애 문제, 돈 문제 등 문제 다음 문제, 그리고 또 문제, 삶이 계속되는 한 문제는 계속된다. 어찌 보면 삶 자체가 문제투성이인 것 같다. 문제가 곧 삶인 듯도 싶다.

선생님은 왜 문제를 냈던 것일까? 만약 그때 선생님이 문제를 내지 않았다면 지금 돈 계산은 제대로 할 수 있을까? 말은 제대로 할 수 있을까? 그렇다. 선생님은 우리를 위해 문제를 냈던 것이다. 신도 그렇다. 신이 삶을 통해 우리에게 문제를 주는 것은 우리를 더 지혜롭게 더 나아지게 하려는 좋은 의도에서다. 문제는 신의 계획이다.

문제가 아니면 우리는 앞으로-더 잘, 더 많이, 더 오래-나아갈 수 없다. 문제가 아니면 우리는 위로-더 높이, 더 멀리-올라갈 수 없다. 삶에서 문제는 신의 사랑이다. 신이 우리를 사랑하지 않았다면 우리가 성장을 하든 말든 무슨 상관이었겠는가.

힘들고 곤란한 문제가 발생하면 피하고 싶은 생각이 먼저 든다. 그러나 도망치는 순간 문제는 진짜 문제가 되며 시간이 갈수록 문제는 더 커진다. 문제를 풀기 위해 우리가 맨 처음 해야 할 것은 문제에서 도망치지 않는 것이다. 문제에게 등을 보이는 순간 문제는 가차 없이 달려들어 우리를 집어삼키고 만다.

문제는 우리를 해치기 위해 덮쳐 오는 악당이 아니다. 그러나 문제로부터 도망치려는 순간 문제는 악랄한 악당으로 변할 수 있다. 도망쳐야 할 이유가 없다. 문제는 우리를 도와주기 위해 우리를 찾아온다. 도망치지 말자. 차라리 크게 웃으며 두 팔 벌려 기꺼이 반기자.

삶이 묻는다.
"너에게 선물을 주려는데 왜 도망가니?"

문제는 숨바꼭질과 같다. 어딘가 꼭 답이 숨어 있다.

인생에서 문제는 우리가 문제라고 할 때만 문제가 된다. 문제는 문제가 아니다. 다만 문제를 문제로 받아들이는 그 마음이 문제일 뿐이다. 문제는 우리가 문제라고 할 때만 문제가 될 뿐, 사실 문제는 교훈이요, 배움이며, 기회다.

문제는 선택의 또 다른 이름이며 성장을 위한—곤란하고 힘들긴 하지만—좋은 재료일 뿐이다. 문제는 삶이 우리에게 던지는 물음표일 뿐이다. 우리에게 선택을 묻는 물음표.

문제투성이로만 구성된 문제는 인생에 없다. 그 안 어딘가에 답을 포함한 문제는 있을 수 있다. 그러나 존재의 법칙을 기준으로 봤을 때 인생에는 아예 문제 자체가 없다. 다만—우리 자신과—삶의 완성을 위한 피드백이 인생 곳곳에 있을 뿐이다.

우리가 흔히 문제라고 하는 모든 일들과 곤란한 상황들은 우리를 주저앉히고 우리가 포기하고 절망하는 모습을 즐기기 위해 우리 앞에 나타나는 것이 아니다. 우리를 더 강하게 하려는 것이다. 우리를 더 지혜롭게 하려는 것이다. 우리를 더 성장시키려는 것이다. 우리를 더 완성하려는 것이다. 이 세상의 모든 문제는 문제가 아니라 기회이며 선택일 뿐이다.

문제가 끝이라면 진짜 문제다. 그러나 문제는 끝이 아니라 시작점이다. 문제는 결론이 아니라–더 나은 나, 더 나은 삶으로 가는–진행 상황이다. 문제가 있는 곳, 바로 그곳에 더 나은 세계로 연결되는 문이 있다.

문제를 문제로 보지 말자. 문제를 선택의 물음표로 받아들이자. 문제를–기회를 품고 우리의 선택을 돕기 위해 찾아온–귀인으로 여기고 반갑게 맞아들이자. 어느 구름이 비가 되어 내릴지 모르듯이 누가 귀인이 될지 어찌 알겠는가. 어느 문제가 도약의 포인트가 될지는 아무도 모른다. 어떤 문제는 누군가의 인생에서 터닝 포인트가 된다.

삶이 묻는다.
"문제를 왜 문제로만 보는가?"

66 신이 우리에게 문제를 안겨 준 것은
그 사람의 정신을 성장시키기 위해서이다.
그러므로
해결책이 없는 문제는 절대로 나오지 않는다.
– 사이토 히토리

° 실패

뜻대로 되지 않음

"성공하고 싶은가?
꿈을 이루고 싶은가?
그렇다면 실패의 도움을 받아라!"

온갖 실패를 딛고 끝내 성공을 거머쥐었던 이들이 하는 말이니 틀린 말은 아닐 터. 실패한 적 없는 실패자는 있어도, 실패한 적 없는 성공자는 없다고 한다. 아무것도 시도하지 않으면 실패할 일이 없지만, 성공할 일도 없을 테니까.

성공이나 실패는 뭔가를 시도한 이후의 일이다. 가장 큰 실패는 무엇일까? 가장 크게 실패한 인생은 어떤 인생일까? 아무것도 시도하지 않는 것, 아무 시도도 해 보지 않은 인생이 가장 실패한 인생이라고 한다.

실패는-고달픔은 있지만-엄밀히 말하면 실패가 아니다. 실패 후에 포기하거나 절망했을 때, 실패는 그때부터다. 안다. 우리는 이미 다 알고 있다. '실패는 성공의 어머니'라는 말을 성공이 뭔지 모를 때부터 들어온 우리니까.

누구나 언제라도 넘어질 수 있다. 그러나 누구나 언제든지 일어서는 것은 아니다. 누군가는 넘어진 곳에서 넘어진 채로 살아가고, 누군가는 넘어진 곳에서 일어서기는 하되 그냥 일어서고, 누군가는 넘어진 곳에서 무언가를 주워서 일어선다.

넘어지지 않았다면 볼 수 없는, 넘어지지 않았다면 도저히 얻을 수 없는, 실패 속에는 의미 있는 그 뭔가가 반드시 있기 마련이다. 그것은 실패가 주는 교훈이며 실패가 결코 실패가 아닐 수 있는 성공의 법칙이 된다.

넘어진 곳에는 반드시 보물이 있다. 그런데 왜 우리는 보물을 발견하지 못하는 것일까? 넘어졌다는 사실에만 집중하기 때문이다. 우리는 언제든 넘어질 수 있다. 넘어졌다가 일어선 지 얼마 되지 않아서 또 넘어질 수도 있다. 그러나 그것이 결코 끝은 아니다. 그곳에는 반드시─더 큰 성공을 위한─피드백이 있다. 이것이 중요하다. 실패의 참다운 의미를 가슴으로 챙기는 것이 중요하다.

뜻대로 되지 않을 때마다 그─실패의─의미를 되새기며, 실패한 그 자리가 곧 다시 일어설 자리임을, 그 의식을 깨운다면 실패는 결코 실패로 끝나지 않을 것이다.

실패는 힌트다. 실패가 인생을 방문한 목적은 힌트를 주기 위해서다. 에디슨이 "나는 실패한 것이 아니라, 안 되는 방법을 알아낸 것이다."라고 했듯이, 실패는 안 되는 방법을 깨우쳐 주면서 되는 방법에 대한 힌트를 준다.

실패는 신호다. "그 방법이 아니다.", "그 방향이 아니다.", 이렇게 알려 주는 신의 신호이다. 실패, 그것은 두렵지 않다. 우리가 정작 두려운 것은 그대로 멈추는 것이다. 한 발만 더 가면 되는, 성공의 문턱 바로 앞에서 주저앉는 것, 진짜 두려운 것은 "이제 더는 못 가겠다!"고 포기하는 것이다.

실패는 성공으로 가는 계단의 어느 한 지점일 뿐이다. 실패에서 얻은 열쇠는 성공의 문을 열어젖힌다. 무엇을 해야 하는가? 실패를 실패로 보지 말자. 실패는 성공의 비결을 알려 주는 힌트요, 성공의 길을 트는 신호임을 알자. 뜻대로 되지 않는다면 기쁘게 실패하자, 성공하는 실패를 하자.

삶이 묻는다.
"너는 한 번이라도 제대로 실패해 본 적 있는가?"

❝ 넘어질 때마다 무언가를 주워라.
— 오스왈드 에이버리

° 말

표현하고 전달하는 데 쓰는 음성 기호

> "너의 미래가 궁금하니?
> 너의 말이 곧 너의 미래야!"

말은 그저 생각을 전달하고, 감정을 표현하는 수단이 다가 아니다. 말의 진짜 위대한 기능은 '원하는 것을 현실화하는 힘'에 있다. 우리는 그러한 말의 위력에 대해 충분한 신뢰감을 가지고 있다.

말이 지니고 있는 힘, 말의 비밀스러운 위력, 이런 말들은 너무 많이 들어서 이제는 새삼스럽지도 않다.

수많은 사람이 '말이 왜 씨가 되는지', '말이 어떻게 열매가 되는지'를 증명해 냈고, 수많은 인생이 '말한 대로' 이루어지고 변화되었음도 우리는 이미 충분히 목격했다. 그리고 과학이 입증하기도 했다.

다만 아직 어떤 사람들은―그들도 곧 체험하겠지만―말의 창조력을 경험하지 못하고 있다. 믿음이 약하거나 실천이 부족하거나, 누군가는 원하는 것이 불분명해서이기도 하겠지만, 그 이유들이 개선되고 사라진다면, 우리는 언제든 자신의 삶에서 말의 힘을 활용하고, 말의 도움을 받으며, 말한 대로 되는 삶을 누릴 수 있다. 우리는 말한 대로 기쁜 일이 일어날 것을 믿는다.

말이 우리를 도울 수 있도록, 말이 우리의 삶을 도울 수 있도록, 말한 대로 이루어질 수 있도록, 사랑을 말하자. 사랑으로 말하자. 믿음을 말하자. 믿음으로 말하자. 원하는 것을 말하자. 말은 씨앗이니 열심히 뿌리고 잘 뿌리자.

삶이 묻는다.
"너의 말을 너는 믿는가?"

" 눈은 그가 현재 어떠냐는 인품을 말하고,
입은 그가 무엇이 될 것인가 하는
가능성을 말한다.
- 고리키

° 변화

사물의 성질, 상태, 모양 따위가 바뀌고 달라짐

> "너는 지금까지 줄곧 너에게 무관심했다.
> 그래서 넌 변화할 생각조차 못 했던 거야."

시대는 말한다. 변화하지 않는 자, 살아남기에도 벅찰 것이다!

지금까지의 '변화'는 필요에 따라 어쩌다 시도해도 되는 것이었지만, 이제는 '변화'를 밥 먹듯이 해야 하는 시대가 되었다. 이제 우리는 언제든 변화하려는 자세가 되어 있어야 하고, 실제로 변화해야 한다.

이제는 익숙한 것들과 작별하는 데 익숙해져야 하고, 낯선 것들과 친해지는 데 익숙해져야 한다. 익숙함에서 멀어져 낯선 것으로 가까이 다가가는 것, 그 낯선 것에서 새로운 에너지(기회)를 만나는 것, 지금까지는 잘하지 못하는 것이었으나, 이제는 잘해야 하는 것, 이 시대의 변화는 그런 것이다.

변화는 기회를 만든다. 변화는 성공할 기회, 부자 될 기회, 더 나아질 기회를 만들고, 이렇게 해서 얻어진 기회는 또 다른 기회를 만든다.

변화는 성공을 부른다. 그리고 성공은 또 다른 변화를 부른다. 변화의 선순환이다. 변화의 절대 법칙, 변화는 변화를 부른다.

움직여야 한다. 몸이 움직여야 하고 마음이 움직여야 하며 생각이 움직여야 한다. 그래야 변화할 수 있다. 한 곳에 가만히 있는 것은 변화하지 않겠다는 것과 같다. 움직인다는 것은 새로운 에너지, 새로운 인연을 만나는 것이니 그 속에 변화가 주는 기회가 숨어 있다.

삶의 질은 바뀌지 않는다고 하더라도 우리는 사실 매일 바뀌고 있다. 우리를 둘러싼 모든 것들도 매일 변하고 있다. 유일하게 변화하고 있지 않은 것은 안일하고 나약하고 좀처럼 행동하지 않는 우리의 정신뿐이다.

내 안의 욕심도 매일 변한다. 더 커지고 더 강해지고 더 늘어난다. 그런데 그 욕심을–채우든 비우든–해결해야 하는 마음은 좀처럼 꿈쩍하지를 않는다.

변화를 위한 시도가 반드시 좋을 거라는 보장은 없다. 그러나–최소한 지금보다는 더–좋아지려면 지금과는 다른 변화를 시도해야 한다. 성공하거나 부자가 되거나 더 좋은 쪽으로 변화한 이들은 하나같이 변화하기를 즐겨 했다.

결과가 달라지려면 원인이 달라져야 하고, 끝이 달라지려면 시작이 달라져야 하고, 다른 내일을 맞이하려면 다른 오늘을 살아야 한다. 즉

'다른 나'가 되어야 한다. 우리는 지금 달라져야 한다. 변화를 사랑해야 한다. 인생을 사랑한다면 그래야 한다.

사고방식부터 바뀌어야 한다. 시대는 변하고 세상도 변하는데 과거의 사고방식으로 현재를 살아간다는 것은 여름옷을 입고 겨울을 사는 것과 같다. 여름 지난 지가 언제인데 아직까지 여름옷을 입고 겨울을 나려고 하는지. 마음의 옷부터 갈아입어야 한다.

모든 것은 변한다. 신들도 변한다. 신들이 변하지 않았다면 우리가 신에게 지금까지 올렸던 기도는 죄다 헛수고가 되었을 것이다. 신들도 시대의 흐름에 맞게 변화하기를 마다치 않는데 하물며 인간인 우리가 변화에 굼떠서야 되겠는가.

바뀌지 않으면 바뀌지 않는다. 그대로를 고집하면 그대로 살게 된다. 스스로 바뀌려고 하지 않는 이의 삶을 먼저 나서서 바꿔 주는 신은 없다. 변화하기를 즐기자. 매일 새롭게 태어나는 삶을 살자.

삶이 묻는다.
"너는 변화하지 않는 너를 어떻게 할 것인가?"

❝ 어제와 똑같이 살면서
다른 미래를 기대하는 것은 정신병 초기 중세이다.
– 아인슈타인

° 성공

목적한 바를 이룸

아이가 아이답게 놀게 하기보다는, 걸어 다니는 것도 제대로 하지 못하는 아이에게 말을 가르치고 글을 가르치고 숫자를 가르치는 이유는 '성공' 때문이다. 우리는 그것이 아이에게 해 줄 수 있는 가장 최고의 부모 노릇인 줄 안다.

우리는-모든 사람이 다 그런 것은 아니지만-아이 때부터 성인이 되는 때까지 긴 세월을 성공이라는 오직 하나의 키워드에 맞춰 성장한다. 마치 성공만을 목적으로 태어난 것처럼.

성공에는 성공하려는 이유와 목적이 있어야 한다. 그리고 그 이유와 목적은 자기 혼자만의 이로움이 아닌 다수의 이로움으로 연결되는 것이 좋다. 왜 성공하려 하는가? 이에 대해 대답하지 못한다면 차라리 성공을 뒤로 미루는 편이 더 나을지도 모른다. 그래야 더 행복할지도 모른다.

성공은 지금 있는 곳을 딛고 일어서야 한다. 이때 딛고 일어설 지팡이를 선택하는 일은 매우 중요하다. 과정이 상식에서 너무 멀리 벗어나면 성공한 뒤에 그 값을 치르게 된다. 성공이 행복이 아닌 불행으로 결론지어지는 인생은 얼마든지 많다.

'무엇'을 성공할지와 '어떻게' 성공할지는 매우 중요하다. 언제까지 성공할지도 중요하지만, 빨리 성공한다고 해서 늦게 성공한 사람보다 더 행복한 것은 아니다. 꽃은 저마다 피는 시기가 다르지만, 늦게 핀 꽃이 빨리 핀 꽃보다 덜 향기롭거나 덜 아름다운 것은 아니다. 성공에서 진짜 중요한 것은 속도가 아니다.

성공은 과연 좋은 것일까, 나쁜 것일까? 나와 남에게 도움이 되는 성공, 행복한 성공이라면 그 성공은 좋은 것이 되고 그렇지 않은 성공은 나쁜 것이 된다. 세상에는 성공해서 행복한 사람만큼이나 성공했으나 불행한 사람도 많다. 왜 그럴까? 성공의 과정 혹은 결과에서 행복과 반대되는 요소가 많았기 때문이다.

성공했지만 불행한 사람, 그의 성공은 실패한 성공이다. 인생에서 그 어떤 가치도 행복에 위배되는 가치는 성공이라 할 수 없다.

인간으로 태어난바 우리는 성공을 지향함이 옳다. 그래야 우리는 자신의 인생에서 의미와 가치 있는 무언가를 획득했다 할 수 있으니까. 우리는 성공하기 위해 최선을 다해야 한다. 다만 그 전에 성공에 대해 알고 시작하는 것이 좋다. 그리고 성공해야 할 이유와 명분이 있어야 좋다.

성공이란 무엇일까? 많은 사람이 알고 있는 사회적 출세, 많은 돈의 획득, 권력, 이런 것들은 성공의 단편일 뿐이지 성공에 대한 올바른 정의가 아니다.

성공의 기준은 사람마다 달라야 한다. 모두가 에베레스트 정복을 꿈꾼다고 해서 모두가 에베레스트에 오를 수는 없다. 어떤 사람은 마을 뒷산 오르기도 벅차고, 어떤 사람은 에베레스트를 정복해도 양에 차지 않는다.

산의 높이는 저마다 다르고, 산을 오를 힘도 사람마다 다르다. 성공이라는 것도 그렇다. 그러므로 우리는 자신을 먼저 파악하고 자신에게 맞는 높이를 성공으로 정하는 것이 좋다.

어느 산까지 오를 수 있는지, 자신의 심장과 다리의 힘을 정확히 알고 산길을 타기 시작한 사람은 산에서 갑자기 쓰러질 확률이 낮다. 성공을 향해서 출발하는 사람도 그렇다.

성공은 자신이 정한 봉우리에 도달하는 것이고, 그곳에서 올려다보이는 봉우리가 내려다보이는 봉우리보다 훨씬 더 아름답고 훨씬 더 많다고 하더라도 기꺼이 만족할 수 있어야 한다. 그것이 진짜 성공이다. 그때 우리는 성공의 가치를 제대로 누릴 수 있다. 성공에 대한 정의와 의미는 사람마다 다르고, 그랬을 때 우리는 행복한 성공을 할 수 있다.

"성공은 아침에 일어나 그날 할 일에 들떠 집을 나서는 거죠."

영화 〈페임(Fame)〉에 나오는 대사처럼, 행복하면 그것이 곧 성공일 수 있다.

성공은 소유의 양이 아니라 만족의 양에 비례하며, 외적인 높이가 아니라 높이에 대한 내적인 만족에서 결정되는 거니까.

진정한 성공은 그것이 행복이어야 한다. 행복은 물질과 정신이 조화를 이룰 때 가장 이상적이다. 아무리 물질 만능주의 시대라 하더라도 우리는 마음이나 생각 등 내면이 중요한 존재이기 때문이다. 그러므로 진정한 성공은 물질과 정신 양쪽에서 추구되어야 얻을 수 있다.

성공하자. 그리고 자신의 성공이 세상을 좀 더 살기 좋은 곳으로 만드는 데 도움이 되게 하자. 높이 오르자. 자신에게 알맞은 최대의 높이에 오르자. 높이 올라서 밑에 있는 이들에게 희망이 되고 힘이 되자.
자신의 성공이 사회에 이익이 되고, 자신의 성공이 누군가에게 도움이 되는 성공이라면 진짜 성공한 사람이다. 우리가 할 수 있는 일이다.

삶이 묻는다.
"너는 왜 성공하려 하는가?"

" 당신이 살아있음으로 인해
조금 더 행복해지는 누군가가 있다는 것,
이것이 성공의 의미다.
– 랄프 왈도 에머슨

° 습관

반복되는 행동, 자동화된 수행

"습관은 제2의 천성이야."

몽테뉴가 이 말을 한 것은 습관이 얼마나 무서운 것인지 일깨워 주려는 마음 아니었을까? 그런데 그의 좋은 의도와는 달리 이 말은 우리에게 "습관은 천성과 같아서 고치기 어려운 거야. 그러니까 내가 습관을 고치지 못하는 것은 당연한 거야!" 같은 부정적 합리화를 할 수 있는 빌미를 제공하기도 했다.

이러한 말들은 습관에 대해서 미리 도망갈 구실을 마련해 놓은 셈이다. 그래서 우리는 습관적으로 습관에게 무릎을 꿇는다. 그리고 변명을 한다.

"작심삼일은 내 잘못이 아니야! 습관은 제2의 천성이라잖아!"
이렇게 습관에게 지는 것이 당연하다는 듯이 말을 한다.

"세 살 버릇 여든까지 간다."

이런 말들은–의도한 것은 아니겠지만–습관에 대항하지 않고 도망치기 위해서 만들어 놓은 말이 아닐까 의심이 들기도 한다. 80년이 지나도 고치기 어려운 것이라는, 보호막을 미리 치고 그 안에 숨어서 나오지 않으려고 하는 사람도 있으니까. 그들은 습관 앞에 당당하게 모습을 드러내려는 생각 따위는 애초부터 없다. 가끔 우리의 모습이기도 하다.

습관에 대한 인식부터 바꿔야 한다. 우리는 습관에게 너무 빨리 항복 깃발을 드는 경향이 있는데, 그것은 습관에 대해 잘못된 인식의 영향이 크다. 습관은 고치기 어려운 것이라는 고정 관념.

습관을 대하는 습관부터 변화시켜야 한다. 생각해 보자. 평소 습관에 대해 어떤 고정 관념을 가졌는지. 그 굳은 생각부터 깨뜨려야 한다.

"습관을 바꾸기엔 습관이 너무 오래됐어."

하지만 모든 습관은 '원래는 없었으나 언제부터인가 있게 된 무엇'이다. 이게 중요하다. 원래부터 그런 것이 아니었다는 점.

우리가 가지고 있는 모든 습관이 원래부터 그랬다면 습관은 도저히 이길 수 없는 강적일지 모르지만, 아무리 고치기 어려운 습관일지라도, 아무리 오래된 습관일지라도 원래부터 있었던 것은 아니다. 어떤 습관도 태어날 때는 없었다.

원한다면 그리고 필요하다면 우리는 '습관이 붙기 전의 나'로 돌아갈 수 있다. 습관 고치기가 쉽다는 뜻이 아니다. 어렵지만 충분히 해낼 수 있다는 뜻이다. 원래부터 있었던 습관이란 존재하지 않으니까.

태어나기 전에 누가 나의 뇌 속에 심어 놓은 것이 아니라, 살아오면서 '내가' 만든 것이므로 살아가면서 '내가' 없던 것으로 할 수도 있다.

어떤 습관이든 처음부터 나의 발목을 잡고 있었던 것이 아니므로, 우리는 습관으로부터 자유로워질 수 있다. 습관은 고칠 수 있다는 생각을 먼저 해야 한다. 제2의 천성이니 그런 말 따위는 잊는 게 좋다.

습관이 나를 변화시켰듯이 나도 습관을 변화시킬 수 있다. 일상의 습관이 인생을 변화시켰듯이 인생을 통해 일상의 습관을 변화시킬 수 있다. 나를 지배하고 있는 현재의 좋지 않은 습관이 과거에 있었던 좋은 습관을 사라지게 했듯이, 새로운 좋은 습관의 손을 잡는다면 지금의 좋지 않은 습관을 내게서 사라지게 할 수 있다. 못마땅한 현재의 습관에 지나치게 스트레스 받을 필요는 없다. 새로운 습관을 더 좋아하고 더 즐기면 되니까.

작심삼일이 될 수도 있다. 어쩌면 작심삼일을 수십 번 반복해야 할지도 모른다. 하지만 우리는 얼마든지 자신을 이해하고 기다려 줄 수 있다. 멈추지만 않는다면.

모든 인간은 가만히 내버려 두면 원래 하던 대로 하려고 한다. 그러므로 의도적으로 자기 생각과 자신의 행동에 적극 개입을 해야 한다. 그리고 그것을 멈추지 않아야 한다. 새로운 것이 원래 하던 것처럼 익숙해질 때까지.

삶이 묻는다.
"습관이 너의 것인가, 네가 습관의 것인가?"

    " 습관은 습관으로 물리칠 수 있다.
그리고 그것이 최고의 방법이다.
항상 해 온 대로 하면 항상 받아온 대로 받을 것이다.
      - 토니 로빈스

° 절망

모든 희망이 사라진 상태

> "네가 만약 미지근하게 살아왔다면
> 너에겐 절망할 기회조차 없었을 거야."

희망은 다시 해 보라 하고, 절망은 그만하라고 하는데, 막상 희망이 필요한 상황이 되면 절망이 오히려 희망보다 쉽다. 절망, 그 틈에서 희망을 발견하기란 모래사장에서 잃어버린 보석을 찾는 것만큼이나 절망적이다. 아무것도 하지 않는 것, 그것 말고 무엇을 할 수 있단 말인가. 절망의 순간엔 그렇다.

희망하기는 수고롭고 고달프지만 절망하기는 아무것도 하지 않으면 그만이다.

"이제 그만해!" 달콤한 이 한 마디, 희망의 끈을 잡고 다시 안간힘을 쓸 생각만으로도 힘에 겨운 순간, 그때 우리는 오직 한 가지만 하고 싶다. 절망.

우리는 본디 불편하고 힘든 것을 싫어한다. 우리는 쉽고 편안한 것이 좋다. 절망이 딱 그렇다. 희망은 우리에게 자꾸만 뭔가를 참으라 하고 뭔가를 하라고 하지만, 절망은 아무것도 하라고 하지도 않고 힘든 것을 참으라 하지도 않는다. 이때 절망은 너무나 쉽고 너무나 편안하고 달콤한 유혹이다.

하지만 그럼에도 불구하고 우리가 절망의 손을 뿌리쳐야 하는 이유는, 힘들다고, 도저히 탈출구를 찾을 수 없다고, 덥석 절망의 손을 잡아 버리면, 절망은 우리를 더 심한 절망으로 데려가기 때문이다.

무엇보다 우리에겐 애초에 절망할 권리가 없다. 태어날 때 신은 우리에게 희망할 권리만 주었을 뿐, 절망할 권리는 주지 않았다. 절망한다는 것은 신을 거역하는 행위일뿐더러 인생에 대한 배신이나 다름없다.

절망스러운가? 더는 갈 곳이 없는가? 지금까지 자신이 어떻게 달려왔는지 떠올려 보라. 절망스런 순간은 아무나 맞이하는 게 아니다. 자신의 꿈을 향해서, 더 나은 가치를 향해서 치열하게 악착같이 달려온 사람만이 맛볼 수 있는 것, 그것이 절망이다. 그저 막연하게 미지근하게 산 자에게 어찌 절망이 있을 수 있으랴. 절망은 뜨겁게 살았음을 증명하는 열정의 징표와 같은 것이다.

지금이 최악의 밑바닥 인생이라면 다음의 글을 잘 기억하자. 최악의 상태에 대해 절망의 사전엔 이렇게 나와 있다. '이제 정말 끝인 상태!'

그러나 희망의 사전엔 이렇게 나와 있다. '앞으로는 지금보다 나을 수밖에 없는 상태!'

완전하게 절망적인 상태는 없다. 생각이 절망에만 머물러 있기 때문에 마음의 눈이 희망의 요소를 발견하지 못할 뿐이다. 절망의 터널 그 어딘가에는 반드시 밖으로 통하는 숨구멍이 있게 마련이다. 살아있다는 자체가 이미 100% 절망적인 상황은 아니라는 증거다. 숨을 쉬고 있다는 것은 어딘가에서 생명의 에너지가 들어오고 있다는 증거니까.

"그래도, 이길 확률도 1%는 있는 거 아닙니까? 저에겐 그 1%가 100%입니다."

드라마 〈광고 천재 이태백〉에서 주인공 이태백의 외침이다. 박살 날 확률 99%, 나머지 1%, 그 1%의 가능성을 100%의 희망이라 믿고 끝까지 포기하지 않는 그 정신, 신은 어쩌면 우리에게 더 강한 힘을 주기 위해 절망을 있게 하는 건 아닐까. 황금 덩어리의 주인이 되려면 그 무거운 덩어리를 어깨에 거뜬히 멜 수 있는 힘이 있어야 할 테니까.

그 어떤 절망적인 상황에서도 절망은 우리를 완전하게 절망시키지 못한다. 자신을 절망시키는 것은 언제나 자기 자신이다. 지금까지─절망하지 않았더라면 크게 성공했을─수많은 사람이 절망의 골짜기로 떨어졌지만, 그들 중 대부분은 스스로 그 골짜기로 향했음을 우리는 안다.

패자들은 희망하기가 제일 힘들고, 승자들은 절망하기가 제일 화가 난다. 희망의 동아줄을 쥔 손에 더 힘을 주자. 악착같이 버텨내고 독하게 살아남자.

힘들 것이다. 정말 절망적일 것이다. 어쩌면 끝까지 절망적일지도 모른다. 인생에는 그런 때가 있다. 하지만 그 순간에도 우리는 자신을 믿어야 한다. 우리는 어떤 어려운 상황에서도 절망보다 큰 존재니까.

세상사나 인생사나 돌고 도는 것이 이치인데 절망 다음은 희망 아니고 무엇이겠는가. 아무리 긴 겨울도 그다음 순서는 봄 아니던가. 기억하자. 나에겐 절망에 대항할 의무는 있어도 절망할 권리는 없다는 사실.

절망스런 순간이 오거든 진실해지도록 하자. 꾸밈없는 마음으로 인생을 바라보자. 아무것도 걸치지 않은 맨몸, 그 본래의 순수함으로 세상에 나서자. 다시 해 볼 그 어떤 에너지도 남아 있지 않은 절망의 순간, 그것은 또 다른 인생을 위한 터닝 포인트다.

삶이 묻는다.
"너에게 절망을 선택하게 하는 건 누구인가?"

    " 실패했다고 절망하지 마라. 그건 희망이다.
아무런 시도조차 하지 않는 것이 절망이다.
– 비벌리 실즈

° 열정

열렬한 애정을 가지고 열중하는 마음

"넌 단 한 번이라도 뜨거워 본 적 있니?"

"당신을 성공으로 이끈 제1의 덕목은 무엇인가?" 물었을 때, 성공의 반열의 오른 이들은 마치 짜기라도 한 듯이 '열정'을 포함한다.

어느 분야에서든지 성공한 이들은 매우 열정적이다. 그들은 뜨거운 가슴으로 산다. 그들은 자기 일에 그리고 삶에 미쳐서 산다. 성공한 사람들, 그들이 증명한다. 열정은 강력한 '성공 엔진'이라고.

열정은 감동을 낳는다. 열정이 언제나 승리와 성공을 가져다주는 것은 아니지만, 최소한 감동만큼은 확실하게 남긴다. 감동은 힘을 극대화한다. 극대화된 그 힘이 불가능을 가능으로 바꾼 사례는 아주 많다. 열정은–바로 성공으로 이어지든, 돌고 돌아 성공을 부르든–어떤 식으로든 긍정적 결과로 이어진다. 하늘을 감동시키면 이루지 못할 게 없다는 선조들의 말은 사실이다.

원했던 것과는 달리 열정이 때로는 실패로 결말이 날 수도 있지만, 그때의 실패는 진짜 실패가 아니다. 열정은 실패했을 때마저도 감동을 남기고, 감동은 성공으로 가는 길의 끊어진 다리를 다시 연결해 주는 힘이 있다. 열정은 기적의 원료임이 분명하다.

게으름을 부지런함으로, 모름을 앎으로, 넘어짐을 일으켜 세움으로, 없는 것을 있는 것으로, 무관심을 관심으로, 불만을 충만으로, 절망을 희망으로, 포기를 도전으로, 도망을 대결로, 추락을 상승으로, 평범한 능력을 비범한 능력으로, 머슴을 주인으로 탈바꿈시키는—우리에게 너무나도 간절한—기적의 힘, 그 주성분은 열정이다.

어떻게 해야 열정적인 삶을 살 수 있을까?

미쳐서 하는 것에는 특징이 있다. 재미, 인간은 재밌는 것에 미친다. 막장 드라마, 오락 프로그램, 스포츠, 게임, 도박, 인간은 재밌는 뭔가에는 매우 열정적이다. 재밌는 것에는 누구나 열정적일 수 있다. 굳이 열정을 강요할 필요가 없다. 만약 하는 일이 재밌는 것이라면 누가 시키지 않아도 스스로 열정을 다할 수 있다. 그러나 일이란 본디 재미와는 거리가 멀다. 일에 일을 넘어서는 의미를 담을 수 있다면 어떻게 될까?

열정은 몸을 사리지 않는 것이다. 내 몸을 불사르는 것이다. 그것은 미치지 않고는 불가능하다. 미치려면 미치지 않고 못 배길 뭔가가 필요하다. 그 뭔가가 바로 열정의 포인트다.

그다지 재미도 없고, 그다지 잘하는 것 같지도 않지만, 그럼에도 불구하고 열정을 다하는 데에는 그럴 만한 '이유'가 있다. 이유, 바로 그것이 열정을 있게 한다.

무슨 일이 있어도 꼭 가야 할 '이유'가 있는 사람은 아무리 폭우가 쏟아지고 태풍이 불어도 발걸음을 멈추지 않는다. '반드시, 절대, 무조건, 꼭 해내야만 하는 이유', 그것이 있는 사람은 그 일에 열정적일 수밖에 없다. 그런 이유는 재미 이상의 동력이 된다. 강력한 이유는 강력한 행동을 낳는 법이다.

삶이 묻는다.
"너는 꼭 해야만 하는 이유를 지녔는가?"

" 파브르는 곤충에 미쳐 있었습니다.
포드는 자동차에 미쳐 있었습니다.
에디슨은 전기에 미쳐 있었습니다.
지금
당신은 무엇에 미쳐 있는가를
점검해 보십시오.
당신이 미쳐 있는 그것은
반드시 실현되기 때문입니다.
– 폴 마이어

° 자제력

자기의 감정이나 욕망을 스스로 억제하는 힘

"괜찮은 인생을 원한다면 너는 그럴 수 있어.

하지만 넌 참는 법을 배워야 해.

그럼 너의 인생은 꽤 괜찮을 거야."

자제력은 본능에 대항하는 힘이다. 인간은 참는 것보다는 참지 않는 것을 좋아한다. 자제력은 꼭 필요하고 좋은 것이기는 하지만, 참아야 하는 것을 괴로운 것으로 인식하고 있는 우리에게 자제력은 결코 쉽지 않은 일이다.

술, 담배, 도박, 마약 등이 얼마나 해로운지 너무나 잘 알고 있지만, 몸도 마음도 인생도 망치게 된다는 것을 알면서도 참지 못하는 것은 본능의 힘이 그만큼 강력하기 때문이다.

본능은 원래부터 가지고 있던 힘이고, 자제력은 필요에 의해 스스로 만들어 내야 하는 힘이다. 자제력을 발휘한다는 것은 당연히 수고롭고 괴롭고 힘들다. 자제하기는 누구에게나 쉽지 않다.

자제력은 약한 것이 당연하고 없는 것이 당연하다. 하지만—원만한 삶을 위해서는—꼭 필요한 능력이다. 원래 없었지만 있게 해야 하고, 쉽지 않지만 그래도 길러야 한다. 더 나아지는 삶을 원한다면 그래야 한다.

자제력 있는 행동이란, 하고 싶은 것을 하는 것이 아니라, 해야 할 일, 해야 하는 것을 하는 행동을 말한다. 하고 싶은 대로 하는 것이 아니라, 해야 하는 것을 하기 위해서 '하고 싶은 것을 참는 힘', 그것이 자제력이다.

자제력은—스스로 길러야 하는—능력이다. 자신을 지키는 능력, 성공에 필요한 능력, 행복에 필요한 능력, 사랑에 필요한 능력 등 좋은 가치를 지키거나 획득하기 위해서 반드시 필요한 능력이 자제력이다.

놀고 싶은 욕심을 자제할 줄 아는 학생과 그렇지 않은 학생의 성적이 다르듯이, 성공이나 목표 달성의 길에는 자제력이 요구되는 순간이 무수히 많다. 성공한 사람이 드문 이유다.

자제력은—위험으로부터, 유혹으로부터—자신을 지키는 힘이다. 유혹의 순간에 욕망으로부터 나를 지키는 힘이며, 위기의 순간에 평정심을 유지하여 나를 지켜내는 힘이다.

자제력이 무너지면 시력도 청력도 사고력도 무너진다. 눈에 뵈는 게 없고, 아무 소리도 들리지 않고, 생각이라고 하는 것을 제대로 할 수 없는 상태가 된다. 즉 인간으로서의 제 기능을 할 수 없는 상태가 된다.

데이트 폭력이나 보복 운전처럼 감정이 순간적으로 솟구쳐서 발생하는 우발적 사건들은 평소 자제력이 무너진 상태를 방치했던–자제력에 관심을 가졌더라면 일어나지 않았을 수도 있는–결과다.

자제력이 약해지기 쉬운 상황은 어느 때일까? 그것을 안다면 미리 관리할 수도 있지 않을까? 완벽하게 자제력이 무너진 상태란 술에 완전히 취한 상태처럼 이성적 사고가 마비된 상태이다.

이성적일 수 없는 상태, 감정적 성향이 극대화되는 상태, 말초 신경이 자극되는 상태, 그때는 어지간해서는 자제력이 발휘될 수 없다. 그러므로 자제력의 올바른 작동을 위해서는 미리–자제력이 발휘되기 어려운–그러한 환경을 차단하는 것이 가장 좋다. 즉 그 상황 속으로 자신을 데려가지 않는 것이다. 하지만 그 또한 수고와 노력이 요구되는 일이라서 쉽지 않다.

자제력은 평소의 관리가 중요하다. 평소에 마음을 평온하게 하는 것이 좋고, 평소에 감정이나 생각을 잘 관리하는 것이 좋고, 평소에 감정이 일정한 범위를 크게 벗어나지 않도록 하는 게 좋다.

그리고 꼭 이루어야 할 목표나 꿈이 있으면 좋다. 꼭 가야 할 곳이 있는 사람의 감정은 쉽게 흐트러지지 않는다. 꼭 해야 할 일이 있는 사람은 감정이 쉽게 무너지지 않는다. 작은 일로 큰 가치를 훼손시킨다는 것은 꿈에서 멀어지는 길이니까.

우리에게 자제력이 필요한 이유는, 우리가 본능에 약한 존재이기 때문이다. 본능은 대체로 우리가 바라는 삶을 방해하는 강력한 훼방꾼이다. 더 나아지는 나, 더 나아지는 삶을 추구하는 우리에게는 자제력의 도움이 꼭 필요하다.

삶이 묻는다.
"참아야 할 때
참지 못한다면 무슨 수로 너를 지킬 것인가?"

" 자제심이란,
인간의 기질과는 상반되는 것일지도 모르지만,
자기 억제가 안 되는 사람은
결국, 자신의 묘 구덩이를 스스로 파게 될 것이다.
– 마야 마네스

° 기회

적절한 시기나 상황 또는 계기

"너 자신이 기회야.
네 인생이 기회인 거야!"

기회는 왔을 때 잡아야 한다느니, 기회는 빠르게 왔다가 빠르게 간다
느니, 사람들은 기회에 대해 꽤 잘 알고 있지만, 기회가 늘 남의 이야기
인 사람들이 많다. 심지어 기회를 한 번도 만난 적이 없다고 하는 사람
도 있다.

"작은 기회들을 잘 키우다 보니 큰 기회를 만나게 되었다."
"작은 기회들을 소홀히 하지 않았더니 성공하게 되더라."

자수성가한 사람들이나 절망을 딛고 성공한 이들은 공통적으로 기회
에 대한 개념이 달랐고, 기회에 대한 접근 방식이 달랐음을 알 수 있다.
기회를 놓치는 사람들은 '기회는 큰 무엇', '특별한 무엇'으로 인식하고

있기 때문에 사소하고 평범한 일은 무시하는 경향이 있고, 기회를 잡고 성공한 이들은 '작은 부분 어디에 기회가 숨어 있을지 모른다!', '평범해 보이는 일 속에 기회가 숨어 있다!' 이런 인식을 가지고 있기 때문에 모든 일에 최선을 다한다.

너무 하찮게 보여서 아무도 눈여겨보지 않는 일, 깨끗하지 못하고 지저분해 보이는 일, 견디기 힘들 만큼의 큰 위기, 많은 경우 기회는 그 속에 숨어서 오기 때문에 기회를 '특별한 무엇'으로 여기는 사람이 기회를 만나기란 거의 불가능하다. 곁에 가까이와도 알아보지 못하는데 무슨 수로 기회를 만날까.

누구 등에 업혀 올지 모르기 때문에 평소에 모든 사람을 귀인으로 여기고, 어떤 일과 함께 올지 모르기 때문에 모든 일에 최선을 다하고, 어떤 상황 속에 숨어서 올지 모르기 때문에 어떤 상황에서도 좌절하지 않는, 기회에 대해 이런 접근 방식이 기회를 발견하게 하고 기회를 잡게 한다고, 기회를 잡았던 이들은 말한다.

특별한 기회를 기다리는 사람들은 평범해 보이는 일을 우습게 여기고, 그 속에 숨겨져 있는 기회를 보지 못하기 때문에 '기회를 만날 기회'조차 주어지지 않는다. 기회를 '큰 무엇'으로 여기는 사람은 작은 기회를 놓치기 때문에 '기회를 잡을 기회'조차 잡지 못한다.

성공한 사람들은 대부분 평범한 기회를 우습게 여기지 않고 그 평범했던 기회들을 잘 활용했던 사람들이다. 그런데 우리의 눈에는 성공한 이들이 잡았던 그 평범한 기회가 왜 그렇게 특별해 보이는 걸까. 그래서일까, 어떤 사람들은 특별한 기회를 하염없이 기다리며 살아간다. 그렇게 기회는 스쳐 지나고 그렇게 세월은 흐른다.

작은 기회조차 잡지 못했던 이들의 눈에는 성공자들이 큰 기회를 잡아 성공한 것처럼 보인다. 반면 기회를 잡았던 이들은 말한다. 작은 기회도 잡지 못하는 사람이 어찌 큰 기회를 잡을 수 있겠는가, 라고.

작은 기회는 발견하는 것이고 만드는 것이다. 기회가 자주 있는 것은 아니지만 그렇다고 아예 없는 것도 아니다. 다만 우리가 보지 못할 뿐이다.

기회는 하나의 불씨일 뿐이다. 그 불씨가 나의 희망을 살려 줄 불쏘시개가 될지 나의 희망을 태워버릴 불티가 될지는 오직 자신이 하기 나름이다.

작은 불씨를 잘 살려내면 큰불이 되는 것은 자연의 이치, 기회라는 것도 그와 다르지 않다고 기회를 잡아서 성공한 이들은 말한다.

판 전체를 한 방에 뒤집을 큰 기회만 기다리면–작은 기회가 보이지 않기 때문에–영원히 기회를 만나지 못할 수도 있다.

기회는 오기도 하고 가기도 한다. 오는 기회 중에는 작은 것도 있고 큰 것도 있다. 가는 기회 역시 그렇다. 늘 깨어 있는 삶을 살아야 하는 이유다. 자칫 아주 큰 기회가 나도 모르는 사이에 빠르게 지나쳐 갈 수도 있으니까. 그래서 기회는 잡는 것이라고 한다.

기회를 잡으려면 기회를 볼 수 있어야 한다. 기회를 볼 수 있으려면 기회가 오가는 길에서 눈을 떼서는 안 된다. 기회가 오가는 길은 어디일까? 인생길 곳곳이 기회가 오가는 길이다. 삶에 집중해야 하는 이유다.

큰 기회는 태풍과 같다. 바람은 멀리서 시작되지만 느낄 수가 없고, 가까이 왔을 땐 너무 강하고 거칠어서 감당이 어렵다. 그러므로 평소 사소해 보이고 형편없어 보이는 것들에도 정성을 다해야 하고, 언젠가 올 기회를 위해 미리 힘을 길러야 한다.

기회는 일상 곳곳에 있다. 그러나 큰 기회는 대체로 어려운 상황 속 어딘가에 숨어 있다. 누군가 발견해 주기를 기다리면서.

기회와 관련해서 우리가 꼭 기억해야 할 것은 위기와 기회의 관계, 시련과 기회의 관계이다. 우리가 그토록 바라는 큰 기회는 대체로 그 속에 있다. 도저히 방법이 없을 것 같은 위기 속 어디쯤, 더는 견딜 수 없을 것 같은 시련 속 어딘가에 큰 기회는 숨어 있다. 그러므로 우리는 벼랑 끝에서도 아니 벼랑에서 떨어지는 순간까지도 기회를 엿보고 있어야 한다.

기회가 왔을 때 잡지 못하면 그 에너지는 위기의 등에 옮겨 탄다. 그러므로 기회가 왔을 때는 온 힘을 다해서 기회를 살려야 한다.

절망의 한가운데서도 희망을 붙드는 것, 온 기회를 푸대접하지 않고 귀하게 대접하는 것, 기회에도 자격이 있다면 이런 것들이 아닐까.

삶이 묻는다.
"기회에도 자격이 있음을 아는가?"

> **❝** 어려움의 한가운데에 기회가 놓여 있다.
> – 아인슈타인

° 책임감

<u>맡아서 해야 할 임무나 의무를 중히 여기는 마음</u>

"너를 너에게 맡길게.
너는 이제 네가 책임져야 해."

내가 지금 살아 숨 쉬고 있는 것은 나의 어머니가 그리고 아버지가-혹은 다른 누군가-책임감을 가지고 양육에 대한 책임을 다했던 덕분이다. 우리가 누리고 있는 모든 것들 역시 누군가 책임감을 가지고 시간과 정성을 쏟았던 거룩한 결과물들이다.

우리는 그렇게 누군가의 책임감에 의해 생명을 얻고 성장을 하고, 누군가의 책임감으로 만들어진 상품과 문화를 누린다.

신은 우리를 세상에 내보내면서 이렇게 말했을지 모른다.
"이제부터 너는 책임져야 할 것들이 많은 세계로 가는 거야. 너는 이제 책임지는 자가 되는 거야."
우리는 그렇게 책임의 존재가 되었는지도 모른다. 자신에 대한 책임자, 인생에 대한 책임자, 관계되는 모든 일에 대한 책임자, 우리는 모두 책임자로 이 세상에 온 것이다.

세상은 책임의 세계요, 인생은 책임의 시간이며, 우리는 책임의 존재다. 그런 이유로 책임질 줄 아는 사람에게 세상은 더 후하다.

세상은 사람들에게 책임감을 요구한다. 그래야 세상이 평화로울 수 있기 때문이다. 그래야 세상은 발전하기 때문이다.

책임지는 사람이 줄어갈 때 세상은 혼탁해진다. 개인의 인생에서도 마찬가지다. 자신의 인생조차 스스로 책임지려 하지 않는다면, 그런 사람들이 늘어 가는 세상이라면, 우리는 어디서 희망을 찾아야 할까.

자신의 자리에서 자신의 책임을 다하려 노력할 때, 좀 더 살기 좋은 세상이 만들어진다.

산다는 건 책임지는 것이다. 자신의 몸을 책임지고, 자신의 마음을 책임지고, 자신의 생각을 책임지고, 자신의 행동을 책임지고, 자신의 사랑을 책임지고, 자신의 일을 책임지는 등 인생이란 자신의 인생 영역 안에 들어와 있는 모든 것들에 대해 책임을 지는 것이다. 거기에 삶의 소중한 가치들이 있다.

성공이나 부자, 사랑이나 행복 등 우리가 바라는 가치들은 책임감의 대가라고 할 수 있다. 즉 책임을 질 때 우리는 가치를 얻는다. 원하는 것을 손에 넣는 방법은−자신의 영역에 대해−책임을 지는 것이다. 책임을 지다 보면 그에 따른 보상을 받게 된다.

책임을 진다는 것은 어떤 행위에 대하여 그 결과에 대한 모든 것을 거부하지 않고 받아들이는 것이다.

책임감이란 결과에 대한 평가나 일어나는 모든 상황에 대하여 기꺼이 수용하겠다는 자세이다. 세상은 책임감을 다하면 그 크기만큼의 뭔가를 준다. 패자는 변명을 남발하지만, 승자는 책임지는 태도로 산다. 그—책임감에 대한—태도가 그들을 그 자리에 올려놓았다고 해도 과언이 아니다.

범죄를 저지르고 감옥에 가는 것, 책임지는 것이다. 자신의 자유와 자신의 시간을 팔아 자신의 죄에 대해 책임을 지는 게 감옥살이다.

인생이 그렇다. 자신의 생각에 대해서, 감정에 대해서, 마음 씀에 대해서, 행동에 대해서, 인생은 책임을 요구한다. 그것은 하나의 법칙이다. 어쩌면 신은 우리에게 이렇게 말하고 있는지 모른다.

"살아서든 죽어서든 너의 책임을 다하라!"

책임, 하지만 아무나 질 수 있는 것이 아니다. 누구나 질 수 있고 누구나 져야 하는 것이 책임이지만, 또 당연히 그럴 수도 있지만, 모든 사람이 다 책임을 지며 사는 것은 아니다. 누군가는 용기가 없어서, 누군가는 능력이 안 돼서, 누군가는 그럴 마음이 없어서, 이유는 많다.

책임을 진다는 것, 우리가 무언가를 등에 질 때는 무거워서다. 가벼운 것은 굳이 등에 짊어져야 할 필요가 없다. 등에 지는 것은 무겁다. 무거워서 등에 진다. 책임을 진다는 것은 무거운 짐을 지는 것이다.

무거운 짐을 지고 옮길 때는 발걸음을 빨리할 수가 없고, 빨리하려고 하면 넘어진다. 대충 빠르게 해치우려고 하면 책임을 다하기 어려워진다. 무거운 물건을 옮기고 나면 그에 상응하는 대가가 따른다. 책임도 그와 같다. 책임을 다했을 때 그 대가는 책임의 크기보다 더 크게 주어진다.

책임진다는 것은 감당한다는 것, 감당한다는 것은 힘을 갖췄다는 것, 힘을 갖췄다는 것은 준비되었다는 것, 기회는 준비된 자에게 오고, 대박은 준비된 자가 기회를 만났을 때 일어나는 것, 고로 책임 의식은 대박 의식이라 할 수 있다.

자신의 내면에서 일어나는 모든 것들에 대해서, 자신의 인생 안에서 일어나는 모든 일에 대해서 책임을 지자. 사소한 것에서 대단한 것까지 죄다 책임을 진다는 자세로 살아가자. 우리가 책임을 다하면 신도 우리에게 책임을 다하려 하지 않을까? 우리의 풍요와 행복에 대해서.

삶이 묻는다.
"너는 너 자신을 책임질 수 있는가?"

66 책임감이란 어떤 상황이나 여건 하에서도
자신의 반응을 스스로 선택할 수 있는 능력이다.
책임감이 있을 때라야
주변의 상황이나 자신의 기분과 상관없이
스스로에게 한 약속을 지키고 실천할 수 있다.
– 스티븐 코비

◇

◇

욕망이 빛이 될 때

욕망하는 자신이 못마땅했다.
꽤 긴 세월 그랬다.
그런데 알았다.
욕망은 나쁜 것이 아니라는 것을,
욕망이 빛이 될 수 있음을
이제는 안다.

/

최   지   아

° 감정

마음에서 일어나는 느낌이나 기분

"세상에서 가장 어려운 게 뭔지 아니?"

"글쎄! 성공? 부자?"

"세상에서 가장 어려운 건 감정이야."

인간이 할 수 있거나 해야 하거나, 우리가 하는 모든 '생각과 행위를 지배하는' 가장 강한 힘은 감정이다. 감정의 힘이 가장 세다.

생각하는 능력이 있기에 인간이라 하지만 생각은ㅡ평화로울 때가 아니라면ㅡ감정을 이기지 못한다. 이성을 지니고 있기에 인간이라 하지만 이성과 감정이 서로 다른 길을 제시할 때 우리는 대체로 감정이 가리키는 방향으로 움직인다. 하찮은 일로 큰 실수를 저지르는 이유이며, 떳떳하지 못한 뭔가를ㅡ멈추지 못하고ㅡ계속하는 이유이다.

인간은 이성적 존재로 사는 시간보다 감정적 동물로 사는 시간이 훨씬 더 많다.

인간의 모든 선과 악의 밑바닥에는 감정이 있다. 모든 아름다운 일에도 모든 감동적인 일에도 그리고 모든 사건에도 모든 범죄에도 그 깊은 속에는 감정이 에너지로 작용하고 있다. 선이거나 악이거나, 사랑이거나 미움이거나, 감정의 지배를 받고, 우리는 종종 '짐승보다 더 짐승'이 된다.

우리는 때때로―그것이 옳지 않다는 것을 알면서도―감정을 제어하지 못한다. 감정에 무너지는 것은 누구에게나 언제든 일어날 수 있다. 감정이 손쉽게 이성을 무력화시키는 것을 우리는 자주 본다. 감정은―인간을 움직이는―절대적인 힘이다.

감정은 주관적이며 즉각적이다. 감정은 계획되거나 의도되는 반응이 아니다. 그래서 통제와 조절이 어렵다.

감정은 생각(이성)보다 세다. 그래서 감정이 미친 듯이 날뛸 때는 아무리 좋은 생각을 해도 감정을 진정시킬 수가 없다. 그러나 감정이 날뛰기 전이라면 생각하는 힘으로 감정을 조절할 수 있다. 현자들이 "깨어 있으라!" 한 까닭이다. 깨어 있어야 감정의 힘이 생각하는 힘보다 강해지기 전에―감정에 대해―어떻게 해 볼 수 있는 여지가 생기니까.

감정과 이성(생각)은 시소 양쪽에 나눠 타고 있는 것과 같다. 조금만 힘의 균형이 깨져도 한쪽으로 확 기운다. 그러므로 이성은 언제나 맞은 편에 있는 감정의 동태를 잘 살펴야 한다.

삶이 묻는다.
"감정과 이성 사이에서 무엇을 해야 하는가?"

사회생활의 거의 모든 공간은 사실 감정 통제 구역이나 마찬가지다. 감정은 표현해야 할 때가 있고 속에 담아 둬야 할 때가 있는데, 감정을 제멋대로 풀어 놓아도 괜찮은 상황, 괜찮은 장소는 사실 그리 많지 않다.

감정은 한 사람을 세상에서 가장 나쁜 사람으로 만들 수 있다. 물론 세상에서 가장 따뜻하고 선한 사람으로 만들 수도 있다. 감정은 그러한 일을 순식간에 해낼 수도 있다.

감정은 우리를 사랑과 행복의 낙원으로 인도하기도 하지만, 그와 반대로 미움과 불행의 지옥으로 이끄는 경우도 많다.

인생은 결국 감정이 감독이고 감정이 선수이며 감정과 감정이 서로 화합하거나 대립하거나 하는 '감정 게임'이라 할 수 있다. 그러므로 우리는 감정을 잘 훈련해야 한다. 그리고 감정을 잘 리드해야 한다.

> "넌 길들이지 못한 것에 대해 책임을 져야 해.
> 네 감정은 영원히 네 책임이거든."

몸이 지치기 전에 마음(감정)이 먼저 지치면 아무것도 할 수가 없다. 몸이 지쳐도 마음이 괜찮으면 우리는 얼마든지 무엇이든 할 수도 있다. 감정은 늘 관심의 손길을 필요로 한다.

한편 감정이란 나이에 따라, 환경에 따라, 성향에 따라, 인격에 따라, 다르게 작용한다. 가령 아이의 감정과 노인의 감정이 다른 것처럼. 그래서 감정은 어렵다. 하지만 모든 감정에게 따스한 손길은 똑같은 사랑이다.

"감정도 돈이야, 아껴 써!"

어느 드라마에 나오는 대사처럼, 감정은 어떤 식으로든 돈으로 연결이 된다. 좋아하는 감정이든 싫어하는 감정이든 미움이든 원망이든 분노이든, 감정은 그 처리 과정에서 대체로 돈이 들어가게 되어 있다. 인간의 감정은 돈이 맞다.

이익을 부르든 손해를 부르든 인간의 모든 감정은 마음의 지갑에서 나오는 무엇이다. 현찰이거나 혹은 청구서.

감정은─어떤 감정이든─에너지다. 에너지는 쓰임에 따라 결과가 달라질 뿐, 에너지 자체는 선도 악도 아니다. 에너지의 작용 역시 투자 아니면 낭비 둘 중 하나로 쓰인다. 감정은 아껴 써야 하는 것 맞다.

삶이 묻는다.
"너는 너의 감정을 잘 쓰고 있는가?"

감정은 우리를 살아 있게 하는 힘이며, 우리가 살아 있다는 사실을 실시간으로 확인시켜 주고 있다.

감정의 교류가 없다면 우리는 사랑할 수도 미워할 수도 없다. 감정의 교류가 완벽하게 차단되면 그 순간 우리는 제대로 살아 있을 수가 없다. 사랑하든 미워하든 그것은 살아있는 자여야 할 수 있다.

감정은 우리에게 천국의 평화와 기쁨을 누리게 하는 사랑의 천사이면서, 지옥을 경험하게 하는 차가운 저승사자이며, 우리를 얼마든지 망가뜨릴 수 있는 위험한 폭군이기도 하다.

감정은 도구요 수단이다. 때로는 자신과 타인을 해치고, 때로는 타인과 자신을 보호하는 양날의 검처럼.

내가 내 감정의 도구가 되느냐, 감정이 나의 도구가 되느냐는 매우 큰 차이다. 내가 감정의 수단이 되느냐, 감정이 나의 수단이 되느냐는 전혀 다른 삶을 만들어 낼 수 있다.

감정이 나를 사용하게 하지 말고, 내가 감정을 사용하자. 잘 사용하자. 이롭게 사용하자. 내 감정이 나를 위해 움직이게 하자.

우리는 때때로—아니 사실은 자주—머리를 써야 할 때 감정을 쓰고, 감정을 써야 할 때 머리를 쓰는 오류를 범한다. 그리고 그 결과는 대부분 마음에 들지 않는다.

감정과 이성 사이를 원만하게 하지 못해서 탈이 나고, 감정과 이성의 힘을 잘 조절하지 못해서 탈이 나고, 감정과 이성의 쓰임을 제대로 하지 못해서 탈이 나고, 인생에서 감정은 너무 자주 말썽을 일으킨다.

희망과 절망, 성공과 실패, 행복과 불행, 선행과 악행 등 인생 안에서 일어나게 되는 거의 모든 일에 대해 최고 결정권자는 감정일 때가 많다.

우리 안에는 자신도 미처 다 알지 못하는 수많은 종류의 감정들이 혼재되어 있다. 그러다 보니 어떤 감정에서는 매우 서툴고 낯설 수도 있으며, 그것은 누구라도 지극히 자연스럽다.

세상에 완전한 감정은 없고, 감정을 완전하게 통제할 사람도 없다. 그러므로 우리는 '수행이 삶이요, 삶이 수행인 삶'을 지향해야 한다. 수행이 아니면 무슨 수로 그토록 강력한 감정을 다스릴 것이며, 무슨 수로 감정으로부터 우리 자신을 그리고 인생을 지킬 수 있겠는가.

감정에 관해 관심을 기울이고, 감정의 주인이 되어야 하는 또 다른 이유는, 세상은 우리의 감정에 따라 반응을 달리하기 때문이다. 세상은 인간의 감정에 반응한다. 인생도 그러하다.

삶이 묻는다.
"너는 너의 감정을 어찌할 것인가?"

" 이성이 인간을 만들어냈다고 하면
감정은 인간을 이끌어 간다.
- 루소

° 부자

재물이 많아 살림이 넉넉한 사람

목표에 관해 물었을 때 가장 많이 들을 수 있는 대답이 '부자'라고 한다. 어쩌면–모든 사람이 그런 것은 아니겠지만–대부분의 사람에게 유일한 삶의 목표는 '부자'가 아닐까, 싶을 정도로 돈의 위상이 높아질 대로 높아진 시대를 우리는 살고 있다.

부자가 아닌 삶은–부자들보다 더–불편하고 더 힘들다. 당연하다. 몸으로 때워야 할 일도 더 많고, 욕구를 억눌러야 하는 순간도 더 많고, 고개를 숙여야 하는 상황도 더 많고, 자존심 상할 일도 더 많다. 가난한 삶은 그렇다. 그래서 우리는 부자가 되고 싶다.

몸만 불편하고 몸만 힘든 것이라면 세상은 어쩌면 황금 만능주의가 되지 않았을지도 모른다. 하지만 가난은 몸보다 마음이 더 불편하고, 몸보다 마음이 더 괴롭다. 그래서 가난은 죄일 수 있다. 사랑하는 사람들의 마음을 아프게 하니까.

부자와 빈자, 가난과 풍요, 그곳에 사람이 있다. 가난이 서럽고 비참

한 이유다. 부자가 인생 최대의 목표가 되는 이유다. 사회가 물질 숭배 문화가 되는 이유다. 혼자라면 가난은 그렇게 위협적이지 않을지도 모르지만, 우리는 혼자가 아니다. 그리고 우리는 사람이다.

돈 때문에 사람이 사람을 사람으로 대하지 않고, 돈으로 사람이 사람에게 사람으로서 할 짓이 아닌 짓을 하고, 돈 때문에 사람이 사람을 사람으로 살지 못하게 하고, 돈으로 사람이 사람에게 사람다움을 포기하게 한다. 우리는 사람이다. 돈을 너무나 좋아하는.

돈이 신보다 더 높은 대접을 받게 되었다. 그래서 생겨난 서글픈 신념, 돈이면 다 된다, 돈이 최고다, 이런 사고방식, 이것 때문에 우리는 행복에서 더 멀어지고 있다. 하지만 우리는 그럼에도 불구하고 부자가 되려는 자신을 지지하고 응원한다. 부탁도 하고 싶다. 돈을 얻는 대신 행복을 잃는 것이 아닌, 행복한 부자가 되기를 부탁하고 싶다. 내가 나에게.

"너는 왜 부자가 되고 싶은 거니?"

이 질문에 대답할 수 없다면 당신은–부자가 되기 위한–출발을 뒤로 미루는 것이 좋다고, 누군가 말했다. 그곳에 가고 싶은 이유, 그곳에 가야 할 이유를 모른다면 그곳을 향해 출발하는 것이 애매해지고 불확실해지니까. 물론 제대로 도착할지도 의문이다.

이유가 있어야 한다. 구체적인 이유가 있어야 부자를 향한 길도 구체화하기 쉽다. 우리는 왜 부자가 되려고 하는 것일까?

"어차피 돈은 다 더러운 거야. 그 더러운 걸 사람들이 좋아하는 거고."

영화 〈원 라인(ONE-LINE)〉에 나오는 빈정대듯 내뱉는 대사처럼, 사람들은 돈을 더러운 것이라고 하면서도 그 더러운 돈을 미치도록 좋아한다. 왜 그럴까? 돈은 더러운 것이지만, 돈이 없으면 돈보다 더 더러운 삶을 견뎌야 할지도 모른다는 위기의식 때문이다.

"네 욕망보다 돈이 더 깨끗할 수도 있어."

돈에 대한 생각을 바꾸었으면 싶다. 이제는 의식 수준이 그 정도는 되지 않았을까? 돈은 그 쓰임에 따라 격이 달라지고 정체성도 달라진다. 돈을 더러운 것이라고 여기는 이유는, 사람들이 돈을 더럽게 써서 생긴 돈에 대한 부정적 관념 때문이기도 하지만, 돈이라고 하는 것이 원래 인간 안에 잠들어 있는 고약한 자아들을 깨우는 속성을 가지고 있기 때문이기도 하다.

이제는 달라져야 한다. 돈이 지나간 자리에서 악취가 풍기는 시대에서, 돈이 지나간 자리에서 향기가 나는 시대로 바뀌어야 한다. 그것은 우리 모두의 책임이다. 슬프게 하거나, 비참하게 하거나, 돈으로 사람에게 몹쓸 짓은 하지 말자. 돈은 잘 버는 것보다 잘 쓰는 것이 더 중요하고, 돈을-의미 있게-잘 썼을 때 돈은 깨끗한 것 아닐까.

"행복할 자신 없으면 차라리 부자를 포기해!"

돈이 많아서 살림이 넉넉한 사람, 부자다. 돈이 많아질수록 행복은 줄어들고, 살림이 넉넉해질수록 마음은 궁핍해지는 부자들이 있다. 물론 그 반대의 행복한 부자들도 많다.

몸은 힘들지 않지만, 마음이 힘든 부자, 물리적 풍요는 이루었지만, 정신적 풍요는 오히려 상실해 버린 부자, 고급 옷으로 초라한 마음을 감추는 부자, 비싼 술로 궁색한 마음을 달래는 부자, 외롭고 불행한 부자들이 많다고 한다. 우리는 과연 무엇을 위해서 부자가 되려고 하는 걸까? 행복이 아니라면 부자가 되기 위해 견뎌야 하는 그 많은 수고와 고통이 무슨 의미가 있을까?

부자가 되되 '행복한 부자'가 되어야 한다. 부자가 될수록 더 행복해지는 부자가 되어야 한다. 살림이 넉넉해질수록 마음도 넉넉해지는 부자가 되어야 한다. 어떻게 하면 그럴 수 있을까? 마음의 소리를 들어야 한다. 마음이 시키는 일을 해야 한다. 영혼이 먼저 부자가 되어야 한다. 가난한 영혼은 부자인 육신을 위로할 수 없으니까.

"세상을 이롭게 하는 부자, 너는 할 수 있어."

타인의 눈물을 팔아 부자가 된 사람도 있고, 그렇게 해서 번 돈으로 다시 타인을 울게 만드는 부자도 있다. 이런 부자는 언젠가는 그 눈물의 값을 치르게 된다.

오직 자기 혼자만 잘 먹고 잘살기 위해 부자가 되려는 사람이 있다. 이런 부자는 삶의 다른 부분에서 반드시 결핍해지기 마련이고, 그 결핍은 세월이 흐를수록 행복에서 멀어지게 한다.

자신의 부자 됨이 타인에게도 좋은 일이 되는 부자도 있다. 진짜 부자다. 부의 가치를 제대로 누리고 사는 부자다. 자신의 부가 자신에게만 기쁨이 아니라 세상에도 이로움이 되는 이런 부자야말로 가장 의미 있고 행복한 진짜 부자이다. 우리는 진짜 부자가 되고 싶다.

"네 인생에 대한 책임은 너에게 있는 거야.
돈도 그래."

    온갖 노력을 다해도 끝내 부자가 되지 못하는 인생도 많다. 그때 자신이 부자가 되지 못한 탓을 남에게 혹은 세상에 돌리는 비겁자들도 많다. 가난은 참을 수 있어도 못난 사람이 되는 것은 참기 어렵기 때문이다. 하지만 과연 그런다고 잘난 사람일 수 있을까?

    부자가 되기 위해 야심 차게 출발한 사람, 계획대로 목표대로 부자가 되면 좋겠다. 그러나 혹시 부자가 되지 못하더라도 그 책임은 자신에게서 찾으면 좋을 것 같다. 그래야 가난해도 비굴해지지 않을 수 있을 테니까.

    삶의 모든 책임은 자신에게 있음을 인정하는 용기, 그것이 있다면 부자 되기는 한결 쉬워지지 않을까? 용기는 인생에서 행복의 요소들이 떠나지 않게 해 준다. 부자가 되면 부자인 대로, 부자가 아니면 부자 아닌 대로 삶을 사랑할 수 있는 사람, 그런 사람들이 부자가 되면 세상은 더 아름다울 것 같은데, 우리는 어떤 사람일까?

삶이 묻는다.
"너는 왜 부자가 되려고 하는가?"

" 태어나서 가난한 것은 당신의 잘못이 아니지만,
죽을 때도 가난한 것은 당신의 잘못이다.
– 빌 게이츠

° 실망

뜻대로 되지 않아서 마음이 몹시 상함

"실망이야. 우리 그만 만나!"

"자네에게 실망했네. 그만두게!"

실망 앞에서 사람들은 참으로 모질다. 그토록 우유부단하던 사람이 실망에 대한 결단은 어찌 그리 빠를 수 있는지, 단정도 빠르고 포기도 빠르다.

바라던 대로 되지 않았을 때, 기대한 대로 되지 않았을 때, 우리가 가장 먼저 하는 일은 '실망하기'다.

그토록 맛있던—좋아하는—음식도 아무 맛이 없고, 온몸에 넘쳐 나던 힘은 온데간데없고, 그렇게 멋지고 예뻐 보이던 사람이었는데 함께 있는 것만으로도 괴롭고, 심지어 죽고 싶은 심정까지, 실망은 참으로 허탈하고 허망하다.

실망 이후에 치러야 할 곤혹스러움을 너무나 잘 알기에, 우리는 단한 번의 실망도 주지 않으려 갖은 애를 쓴다. 그러나 실망 상황을 만들지 않으려는 몸부림에서 오는, 긴장과 스트레스는 실망할 일을 더 늘게 하고, 그렇게 실망은 반복된다.

우리는 좀처럼 실망을 용납하지 못한다.

맑다가 갑자기 내리는 비처럼, 마른하늘에 날벼락처럼, 실망이란 인생에서 전혀 이상한 일이 아니다.

언제, 어디서, 누구나 실망은 줄 수도 할 수도 있다. 삶이니까, 우리가 미리 연습해 보고 하는 것이 아니라 처음 해 보는 인생이니까 실망은 당연하다. 숱하게 연습하고 반복한 후에 하는 일들도 뜻대로 되지 않을 때가 많은데, 하물며 처음 가 보는 인생길에서 넘어지는 일이 뭐 그리 대수라고 우리는 실망을 받아들이지 못하는 걸까?

실망의 순간은 언제든 올 수 있다. 자주 올 수 있다. 때로는 내가 나를, 때로는 타인이 나를, 때로는 어떤 상황이, 때로는 어떤 일이, 일어나지 않으면 좋을 그런 실망스러운 일들은 언제든 일어날 수 있다.

그때가 중요하다. 실망스러운 결과가 나왔을 때, 공을 들였지만 공들인 대로 되지 않았을 때, 실망스러운 상황이 되었을 때, 누구로 인해서든 무엇으로 인해서든 실망 상황이 발생했을 때, 그때가 중요하다. 그 순간은 갈림길이다. 어떻게 할지는 오로지 자신의 몫이지만, 많은 경우 이때 좋은 생각, 좋은 감정을 챙기기란 쉽지 않다.

몹시 실망스러웠지만, 끝까지 실망하지는 않았던 사람들, 끝내 실망에서 헤어나지 못했던 사람들, 길은 서로 달라지고 그 길은 시간이 갈수록 멀어진다.

거의 모든 사람이 실망으로 주저앉을 때, 비록 다리에 힘은 빠지고 후들거리기는 하지만 그래도 다시 한 번, 다시 한 걸음 내딛는 의지와 용기, 신은 그런 경우 대체로 실망의 크기보다 더 큰 기쁨을 준다.

실망의 순간에 절망이 아닌 희망이 내미는 손을 잡는 것, 그것을 잘 해야 한다. 삶에 실망하지 않고, 삶에 다시 기대를 품고, 삶에 다시 희 망을 품으면, 삶은 끝내 실망하게 하지 않는다.

기대하는 죄를 범했기 때문에 그 죄로 받게 되는 것이 실망이라고 하 지만, 그래도 우리는 자신의 삶에 대한 기대를 끝까지 놓아서는 안 된 다. 인생이라는 것이 실망을 안 할 수는 없겠지만, 실망은 하되 그것을 끝까지 하지는 말자. 실망은 짧게 하고 희망은 길게 하자.

지금은 비록 실망스럽더라도 앞으로의 삶을 기대해 보자.

"삶은 실망하지 않아.
실망하는 건 언제나 너 자신이야."

실망하지 말자. 실망을 최대한 늦추자. 삶은 계속되고 남아 있는 날 들은 여전히 기회를 품고 있으니까.

실망 속에서 희망을 발견하는 것, 그렇게까지 대견하지는 못할망정, 실망이 절망으로 향하는 것만큼은 하지 말자. 그보다 더한 실망은 없을 테니까.

세상이 나에게 실망하지 않도록 나도 세상에 실망하지 않고, 신이 나 에게 실망하지 않도록 나도 신에게 실망하지 않고, 인생이 나에게 실망하지 않도록 우리도 인생에 실망하지 말자. 그리고 무엇보다 남을 실망하게 하지 않으려다 자신을 실망하게 하는 짓은 삼가자. 물론 어쩔 수 없이 남을 실망하게 하지 않기 위해 자신을 실망하게 해야 할 때도 있겠지만, 어쩌다 한 번이어야 한다. 아주 가끔이어야 한다. 내 인생 안에서는 남을 실망하게 하지 않기 위해 나를 실망하게 하는 짓을 최대한 줄여야 한다. 내가 나에게, 자기가 자신에게 실망하면 더는 희망이 없을 수도 있으니까.

삶이 묻는다.
"실망은 테스트다. 너는 어떻게 할 것인가?"

      ❝ 우리는 언젠가는 끝날 실망은 받아들이되,
영원한 소망을 잃어서는 안 된다.
– 마틴 루터 킹

° 불행

고난, 역경, 재난, 참화, 불운 등의 나쁜 상황

"너의 인생은 결코 불행이 아니야.
너의 생각이 불행일 뿐이지."

불행의 정령은 우리가 어떤 계획이나 훌륭한 목표를 가지고 있건 말
건 관계없이 찾아오는 무례한 습성을 가지고 있다. 불행이 예를 갖추고
오는 적은 없다.

불행이란 무엇인가? 이 질문에 대한 대답 따위 우리는 궁금하지 않
다. 불행이 무엇인지 알지 못해도 우리는 자주 불행하다 느끼니까. 하지
만–자주 불행하다 느끼는–그러한 이유로 우리는 더욱 이 질문에 대한 대
답을 고민해 보아야 한다.

삶이란 좋은 때와 좋지 않은 때의 반복이며, 행복은 살아있음으로써
느낄 수 있는 감정이듯이 불행도 살아있음으로써 경험하게 되는 좋지
않은 때의 일들이다.

한 사람의 일생에는–종류와 형태가 다를 뿐–비슷한 양의 행복과 불행

이 번갈아 찾아든다. 밝음과 어둠이 우주의 구성 요소이듯이, 행복도 불행도 삶을 구성하는 요소일 뿐이다.

우리가 분명하게 깨우쳐야 할 것은 행복은 우리가 행복이라 여기니 행복이 되고, 불행도 우리가 불행이라 여기니 불행이 된다는 점이다. 어떤 사람들에게 불행은 불행이 아니라 행복으로 가는 길목이다.

불행은 왜 있게 되는 걸까? 원인이야 있겠지만, 우리는 불행을 있게 하는 신의 의도가 궁금하다. 불행을 다른 각도에서 접근해 보면 어떨까.

삶이 행복으로만 구성되면 좋을 것을 신은 왜 삶 속에 불행이라는─고통의─요소를 포함해 놓은 것일까? 그 이유가 무엇이든 우리는 신의 뜻을 다 헤아릴 수 없다. 다만 신은 우리를 사랑한다는 점, 그렇기에 신이 우리의 삶 안에 불행이라는 요소를 둔 이유 역시 우리를 위함일 것이라는 짐작은 해 볼 수 있다.

불행은─우리를 너무나 아끼고 사랑하는 신이 우리를 위해 내미는─사랑의 매 같은 것, 불행은 결국 우리를 위한 것, 불행은 인간에 대한 신의 또 다른 사랑 표현이 아닐까.

삶 속에는 행복이라 부를 일도 많고 불행이라 부를 일도 많다. 무엇을 발견하고 무엇으로 받아들일지는 오로지 우리 자신의 몫이다.

힘들어 할 수는 있어도 불행하다고 포기하거나 좌절하지 않아야 하는 이유는, 겨울이 봄을 낳듯이, 어둠이 태양을 낳듯이, 불행이 행복을 낳을 때도 있기 때문이다. 행복이 행복을 낳고 불행이 불행을 낳는, 인생은 결코 그런 식으로만 펼쳐지지 않는다. 행복이 불행을 낳기도 하고 불행이 행복을 낳기도 하는 것, 그것이 인생이다.

행복도 삶이고 불행도 삶이다.

진정한 행복은 '불행의 반대'나 '불행이 없는 상태'가 아니다. 행복이 란—우리가 불행이라 여기는—불행한 상황 속에서도 얼마든지 발견할 수 있는 '선택 가능한 감정 가치'이다. 한가롭고 여유로운 일상을 누군가는 권태로워서 불행하다 하고, 바쁘고 힘든 일상을 누군가는 보람 있어서 행복하다 한다. 행복도 불행도 우리가 결정할 수 있는 감정이다.

그 상황을 대하는 나의 자세, 그 상황에 대한 내 생각, 행복과 불행은 거기서 결정이 난다. 행복과 불행은 따로 떨어져 있는 것이 아니다. 둘은 언제나 한통속이다. 무엇이 고개를 더 많이 내밀고, 무엇이 더 깊이 숨어 있느냐, 그리고 무엇을 먼저 발견하느냐의 차이만 있을 뿐.

삶에서 불행은 완전하게 없앨 수 있는 것이 아니다. 우리는 누구나 어쩌다 한 번쯤은—누군가는 좀 더 자주—불행이라는 터널에 갇힌다. 그것이 삶이다. 불행의 터널 안에서 어떤 마음, 어떤 태도로 임하느냐에 따라, 불행의 터널 속에서 어떻게 할 것인지가 달라지고, 어떻게 하느냐에 따라 불행의 터널에서 얼마나 빨리 얼마나 적은 손해로 벗어날 수 있는지가 달라진다. 우리는 불행에서—이득이 될—뭔가를 손에 쥔 상태에서 벗어날 수도 있다.

삶이 묻는다.
"너에게 불행이란 무엇인가?"

66 불행이란 거의 언제나 인생에 대한 그릇된 해석의 표적이다.
– 몬테르랑

。공동체 의식

공동체의 이익을 염두에 두고 삶에 임하는 자세

여기 배 한 척이 있다. 개인의 것은 아니다. 그래서 배에 탄 각 개인이—내 것이 아니기 때문에—배 아무 데나 쓰레기를 버린다. 어떻게 될까? 머지않아 배는 쓰레기장이 된다. 그 배에 있던 여러 개인은 모두 쓰레기에 갇히게 된다.

비바람이 몰아치고 배에 물이 차기 시작했다. 하지만 각 개인은—내 것이 아니기 때문에—아무도 나서지 않았다. 머지않아 배는 침몰했고, 누구도 살아남지 못했다.

혼자 먹는 것보다는 함께 먹는 밥이 더 맛있고, 혼자 떠드는 것보다는 함께 대화하는 것이 더 좋고, 함께 일할 때 더 보람 있고, 함께 놀 때 더 재밌고, 함께 기도할 때 더 신성하고, 함께 땀 흘릴 때, 함께 기뻐할 때, 함께 슬퍼할 때, 함께 할 때 우리는 더 좋다.

함께 할 때 더 안전하고, 함께 할 때 더 힘이 나며, 함께 할 때 더 행복하고, 함께 할 때 우리는 더 의미 있고 가치 있는 존재가 된다.

"넌 함께 속에서 안전할 수 있어.
그러니까 '함께'를 함께 지켜야 해!"

인간은 사회에서 태어나 사회에서 살다가 사회를 떠나감으로써 생이 끝난다. 개인은 사회의 구성원이며 형성체이다. 사회는 개인의 조합이므로 개인이 없는 사회는 있을 수 없고, 개인은 사회에 의지하여 살 때 가장 안전하고 가장 순탄하며 가장 행복할 수 있다. 사회가 무너지면 개인도 무너진다.

세상이 음과 양에서 시작되고 음과 양으로 이루어진 이유는 '함께의 안전성', '함께의 창조성', '함께의 존재성' 등 함께여야 좋고 함께여야 존재함이 가능하기 때문이다.

함께의 따뜻함, 함께의 행복함, 함께의 위대함으로, 존재하고 성장하며 기뻐하는, 우리는 모두 공동체 속의 개인이다. 그러므로 우리에게는 공공질서와 공중도덕에 대한 의무와 책임이 따른다.

'함께'의 구조를 훼손하지 않으려는 마음 자세, '함께'의 가치를 지키려는 마음 자세, '함께'의 손해와 이익을 고려하는 자세, 그것이 공동체 의식이다. 우리 각자에게는 '함께'를 지켜야 할 의무가 있다. '함께'가 지켜졌을 때 각 개인의 삶도 온전할 수 있다. 사회를 벗어난 개인은 인간적 삶이 거의 불가능하다.

세상은 공동체 의식이 높은 사람에게 더 높은 자리를 주며, 세상은 그런 사람에게 더 많은 혜택을 준다. 시대가 개인화되어 갈수록 공동체 의식은 더 필요하고, 그것을 갖춘 사람이 사회생활이나 인생살이에서 우위를 점할 수 있다.

삶이 묻는다.
"너는 공동체 의식을 얼마나 지녔는가?"

> **"** 인간은 사회적 동물이다.
> – 아리스토텔레스

° 약속

앞으로 어떻게 할 것인지에 대해 정하는 것

"지금 당장 약속해 줘, 로즈.
절대로 약속을 어기지 않겠다고."

영화 〈타이타닉〉에서 주인공이 사랑하는 이에게 애절하게 요구한다. 약속해 달라고, 약속을 지켜 달라고. 그 순간 그들이 알고 있는 가장 틀림없을 사실은, 그리고 앞으로 그들에게 일어날 유일한 사실은 곧 죽는다는 것뿐이었는데, 약속을 요구한다. 지켜질 수도 없고, 잘 지켜지는지 확인할 수도 없으면서 약속을 어기지 않겠다는 약속까지 거듭 요구한다.

어쩌면 이것이 삶인지도 모른다. 약속의 삶.

약속과 약속이 만나 태어난 우리, 약속과 약속으로 이어지는 관계, 삶은 약속의 연속이다. 그뿐인가, 죽음의 순간까지도 우리는 약속을 하고 약속을 요구한다. 한 인간이 생을 정리하면서 남기는 유언은 가장 무거운 약속이다. 우리는 생이 끝나는 날까지 약속을 요구한다.

약속이 아니면 삶은 별것 아닐 수도 있다. 사람과 사람 사이에서 벌어지는 수많은 일들, 그게 삶이니까.

사랑한다고 약속이 모두 지켜지는 것은 아니다. 그러나 약속이 없으면 사랑도 없다. 서로 거래를 할 수밖에 없는 인간 사회에서, 서로의 약속이 모두 지켜지는 것은 아니지만, 약속이 없으면 거래도 없다.

약속이 아니면 일한 다음에 받게 될 돈을 위해 오늘 일할 수가 없고, 약속이 아니면 은행에 돈을 맡길 수도 없다. 약속이 아니어도 우리가 할 수 있는 일은 과연 얼마나 될까?

우리는 틈만 나면 약속을 한다. 우리에게 약속하기는 어쩌면 습관인지도 모른다. 지킬 수 있을지 없을지 따져 보지도 않고 그저 습관처럼 불쑥불쑥 약속한다. 그래서일까, 약속이 지켜지지 않을 때, 혹은 약속을 어길 때―중요한 약속이 아니라면―우리는 약속이 지켜지지 않는 것에 대해 매우 관대하다.

약속은 왜 필요할까? 인생은 거래의 연속이라서, 그래서 우리에게는 약속이 필요한 걸까.

약속은 미래의 일이다. 사실 미래의 일을 현재에 약속한다는 것 자체가 말이 안 되지만, 우리는 과거를 약속할 수 없고 현재는 약속이 필요치 않다. 이미 뭔가를 하고 있으니까.

앞날은 한 치 앞도 모른다는 점에서 앞날에 어떻게 하겠다는 약속은 이미 지켜지기 어려운 것인지도 모른다. 하지만 그래서 더욱 우리에게는 약속이 필요하다. 약속은 하나의 이정표이며 길이다. 미래는 늘 불안하고 두려운 무엇이다. 약속이 아니면 우리는 아마 불안과 두려움의 포로가 되어 아무것도 할 수 없을지 모른다.

지키는 것은 불편하고 수고롭다. 약속이 그렇다. 지키지 않는 것이 훨씬 더 편하고 쉽다. 그러나 그 뒤는 다르다. 처음이 쉬우면 그다음이 어려운 것이 세상의 이치다. 약속을 어기는 것은 처음엔 쉽지만, 약속을 어김으로써 뒤에 감당해야 하는 일련의 상황들은 대체로–약속을 지키는 것보다–훨씬 더 힘들고 어렵고 괴롭다.

약속은 신중하게 하자. 약속은 지키자. 이것이 약속의 기본이며 전부이다. 그것을 하자. 기본을 지키자.

너무 쉽게 약속을 하는 사람과 너무 쉽게 약속을 어기는 사람은 여전히 많겠지만, 그래서 진정으로 약속하는 사람이 갈수록 줄어드는 것인지도 모르지만, 그래도 우리는 약속하는 사람이 되자. 약속하고 약속을 지키는 사람이 되자.

약속은 거래의 단어지만, 질서와 평화와 풍요와 행복을 낳는 믿음의 단어, 사랑의 단어이다.

약속이 깨지고 분란이 일어나고, 그래서 상처를 입기도 하지만, 약속이 아니면 무엇으로 질서를 유지하고, 평화를 지키며, 풍요를 얻고, 행복을 누릴 수 있을 것인가. 약속이 아니면 사랑은 또 어찌할 것인가. 약속을 '잘' 하자. 약속을 '잘' 지키자. 타인에게도, 자신에게도.

삶이 묻는다.
"네가 네 자신과 지킬 수 있는 약속은 무엇인가?"

❝ 약속을 지키는 최선의 방법은
약속을 하지 않는 것이다.
– 나폴레옹

본능

― 선천적으로 하게 되어 있는 동작이나 운동

이성

― 사유하는 능력

"눈앞에 학생이 있으니까 가르치고 싶어지는 게 선생님의 본능입니다."

애니메이션 〈암살교실〉에 나오는 이 대사는 본능이 언제 작용하는지 아주 잘 나타내고 있다. 본능이란, 조건만 갖추어지면 언제든 즉각적으로 발동이 걸린다.

우리 안에는 매우 다양한 본능이 잠재되어 있고, 상황에 따라 본능은 말 그대로 본능에 따라 작용을 한다. 본능적 작용의 결과는 좋을 때도 나쁠 때도 있지만, 삶을 위해서는 본능에 대해 이성이 간섭하는 횟수를 늘리는 것이 좋다.

본능은 즉각적이고 자동적이며 빠르고 질긴 특성을 지니고 있다. 본능은 이성보다 관성의 법칙을 더 강하게 더 오래 받는다. 멈춰야 할 때 멈추지 못하고, 하지 말아야 할 때도 하게 되는 이유다. 본능은 번개처럼 빠르고 천둥처럼 강하다.

인생길을 가다 보면 이성의 힘으로 본능을 제어해야만 좋을 때가 많다. 그러나 강한 본능을 상대하려면 초봄의 풀잎처럼 연약한 이성으로는 곤란하다. 우리는 좀 더 강해져야 한다.

본능은 삶에 긍정적으로 이바지하는 본능이 있고, 부정적으로 작용하는 본능이 있다. 본능은 이로운 것만 선택해서 작용하지 않는다. 본능은 선악이 우선이 아니라 조건이 먼저이기 때문이다. 계기를 만나고 조건이 맞아 떨어지면 본능은 어디서든, 언제든 깨어나고 움직인다.

본능은 때로–실제로는 너무 자주–자기 자신에게 해로운 행위를 주저 없이 한다. 술이나 담배 혹은 마약, 도박 등에서 숱하게 목격하듯이, 본능은 옳고 그름을 따지지 않는다. 그저 이전의 자극보다 더 강한 자극을 향한 본능적 굴복이 있을 뿐.

본능이 자신을 사랑하는 것은 맞지만, 그렇다고 해서 자신에게 이로운 짓만 하는 것은 아니다. 물론 자신이 미워서는 아니다. 본능은 그저 본능에 충실할 뿐이다.

본능은 선악이 없다. 본능의 선악을 결정하는 것은 이성의 역할이다. 본능의 도움 없는 생명 유지에 빨간불이 켜질 수도 있지만, 이성의 도움 없는 인간다움의 기준에서 한참 모자랄 수밖에 없다.

본능은 인간과 다른 동물에게 똑같이 주어져 있는 감각적 능력이다. 우리가 다른 동물을 대하듯이 열등한 대접을 받지 않으려면, 우리는 본능에 대한 이성의 개입을 활성화해야 한다.

본능이 먹고 자고 싸려고 할 때, 이성은 올바른 방식으로 올바른 만큼 먹고 자고 싸도록 조절하거나 통제한다. 먹고 자고 싸는 것에 대해 이성이 간섭하기를 멈추는 순간 우리는 다른 동물과 같은 방식으로 살아가는 자신의 모습을 목격할 수밖에 없다.

본능의 도움이 아니었다면 우리는 지금까지 살아오지 못했을 수도 있다. 어떻게 해야 살아남을 수 있는지, 아무도 가르쳐 주지 않았어도 본능이 자신의 생명을 온전히 지키는 역할을 충실히 했기 때문에, 우리는 오늘 이렇게 이성이 원하는 삶을 향하여 달려가고 있다. 본능은 생존이 최우선이며, 어떤 상황에서든 생존 본능이 가장 앞에 나서게 된다. 그러나 그 순간마저도 이성은 무력해지면 안 된다. 본능은 수단과 방법을 가리지 않기 때문이다.

본능의 횡포에 이성이 무력해지는 횟수를 줄이는 것이, 가치 있고 행복한 삶을 살아갈 수 있는 비결이라는 점에서, 본능과 이성의 경계를 넘지 않으려는 노력이 요구된다.

어떤 순간에는 이성이 본능에 철저히 농락당할 때가 있다. 그만 먹어야 하는 줄 알면서 계속 먹는다든지, 건전하지 못한 장소에서 일어서야 한다는 걸 알면서도 계속 일어서지 못한다든지, 참아야 한다는 걸 알면서도 못 참고 뭔가를 한다든지.

이성에 독하게 힘을 실어 주지 않으면 본능을 제어하고 조절해야 하는 이성의 의지는 시시때때로 좌절된다.

삶이 묻는다.
"너는 본능적 동물인가, 이성적 인간인가?"

본능이 아니면 이성은 존립이 어려울 수 있다. 본능은 이성과 상관없이 스스로 살아있을 수 있지만, 이성은 그렇지가 않다. 이성이 "이런 삶 더 살아서 뭐해!" 이런 식으로 삶을 포기하려 할 때, 본능은 본연의 임무에 충실하여 살고자 하는 욕망을 더욱 부추기기도 한다. 물론 그럴 경우 본능마저 실패하는 수가 많지만.

먹고 싸고 자고, 본능의 가장 주된 임무인 이것은 생존에서 필수적이다. 본능이 멈추는 순간 생명은 위태로워지고, 죽은 생명에게 이성이란 없다. 그런 점에서 본능은 현생에 지대한 공헌을 하는 셈이다.

본능과 이성은 삶을 움직이는 강력한 동력이다. 어쩌면 우리는 본능이 원하는 욕구를 만족하게 하려고 평생 본능의 눈치를 보며 살아가는지도 모른다.

하지만 우리에게는–비록 본능보다 나약하기는 해도–이성의 힘이 있다. 때로는 본능의 유혹을 확실하게 뿌리치지 못하고 본능에 지배를 당할 때도 있지만, 우리 안에는 분명 본능을 통제하는 힘이 있다. 그 힘을 적절히 잘 사용할 때 성공과 행복은 저절로 따라 오는 것이 아닐까.

원하는 것을 이루기 위해, 더 나은 삶을 완성하기 위해 본능과 이성을 어떻게 해야 할까? 본능은 본능의 역할을 이성은 이성의 역할을 잘 해낼 때 삶은 안정되고 발전한다.

본능의 시간이 이성의 시간에 비해 터무니없이 많으면 그 삶에서 사랑, 성공, 풍요, 보람 등은 어려워질 수밖에 없다. 자주 헤매고, 자주 무너지게 될 테니까.

본능은 충동적이고 이성은 의무적이다. 언제 어디로 튈지 모르는 본능을 통제하고 조절하는, 이성의 도움을 받아 우리는 비교적 안전할 수 있다.

본능이 주는 기쁨을 너무 많이 누리면 이성에서 얻을 수 있는 기쁨의 양이 줄어든다. 하지만 성공과 목표 이룸, 행복 등을 방해하는 것이 이성일 때도 잦다. 인간은 자기 생각으로 자신을 스스로 옭아매는 경우가 너무나 많다. 우리에게는 본능에 대한 이성의 역할도 중요하지만, 이성에 대한 이성의 역할도 매우 중요하다.

본능은 생존을 필두로 하여 여러 부분에서 작용을 한다. 식욕 본능, 배설 본능, 수면 본능, 성적 본능, 모성 본능, 생식 본능, 귀소 본능, 보호 본능, 자유 본능 등 그래서 본능은 인간의 약점이 되기도 한다. 누군가 목적을 가지고 이용한다면.

심장으로 통하는 길은 위장에 있다고 했던가, 이는 이성의 힘이 본능을 지나치게 억제하거나 본능의 욕구가 너무 상실되었을 때는 인간으로 살아가는 의미도 재미도 덩달아 상실하게 된다는 뜻이다.

인간은 시스템이다. 시스템은 프로그램으로 작동한다. 본능은 자동으로 작동하는 프로그램이고 이성은 수동으로 작동시켜야 하는 프로그램이다. 이 두 프로그램으로 인간이라는 시스템은 작동한다. 어떤 노력을 더 많이 해야 할까? 자동화 프로그램이 아닌 수동적으로 움직이는 프로그램에 대한 노력을 더 많이 해야 삶이 온전함에 머물 수 있다.

인간이라는 개체를 수레라 하고 인생을 그 수레가 가는 길이라 한다면, 인간이라는 수레는 본능과 이성이라는 두 바퀴에 의해 움직인다. 만약 본능의 바퀴는 움직이려 하고 이성의 바퀴는 움직이지 않으려고 한다면 어떻게 될까? 본능의 바퀴는 자제시키고 이성의 바퀴는 독려시켜 두 바퀴가 조화롭게 알맞은 속도를 낼 수 있어야 인생이 평화로울 수 있다.

본능을 성공의 도구로 삼고 행복의 재료가 되게 하자. 본능이 배반하지 못하도록 하자. 본능을 다스리는 자가 승리자의 영광을 얻는다는 말이 아니더라도 우리는 본능을 무작정 내버려둘 수가 없다. 우리는 기쁨과 행복을 좋아하니까.

본능의 요정은 우리가 어떤 사람이 될까에 관계없이 아무 때나 불쑥 찾아오는 무례를 범하지만, 우리는 그때마다 예민해지지도 갈등하지도 않는다. 우리는 언젠가 "그때 그러길 참 잘했어!" 그렇게 말할 수 있는 인생을 간절히 원하니까.

삶이 묻는다.

"본능이 길을 막아설 때 어떻게 하겠는가?"

❝ 본능적인 충동이 있었던 곳에는 자아가 있을 것이다.
— 프로이트

° 겸손

나를 낮추고 남을 존중하는 태도

겸손한 사람을 인격 수양이 잘 된 사람, 인성이 괜찮은 사람이라고 칭찬하지만, 겸손은 어쩌면 인격의 영역이 아닌 처세의 영역에 해당하는 덕목이라 할 수도 있는데, 이는 인간의 본성을 살펴보면 더욱 명료해진다.

인간은 본질적으로 상대방보다 더 잘난 사람이 되고 싶어 하고 그것을 확인하고 싶어 한다. 내 생각이 옳다! 내 의견이 옳다! 내가 더 잘났다! 이런 식의 인정 욕구와 우월 욕구가 인간에게는 내재하여 있다.

겸손은-타인에 대해-인간의 본질적 욕구를 만족하게 해주는-아주 훌륭한-처세법이라 할 수 있다. 겸손은 상대방을 우쭐하게 하고 오만하게 하며 방심하게 한다. 상대방이 허세가 있는 사람이라면 겸손은 더욱 위력을 발휘할 수 있다. 겸손은 인격의 문제이기도 하지만 처세의 문제이기도 하다.

우리는 나를 인정해 주고 나의 진가를 알아주는 사람에게 더 잘해

주고 싶다. 상대방을 인정해 주고 상대방의 진가를 알아주려면 겸손해야 한다. 어떤 사람에게 겸손은 전략적으로 사용되기도 한다.

　나를 인정해 주는 사람, 내 이야기를 잘 들어주는 사람, 우리는 그런 사람을 더 가까이 두려고 한다. 역사적으로 모든 왕들 곁에 간신이 있었던 이유다. 머리로는 충신을 가까이해야 한다는 것을 알지만, 가슴이 간신을 더 좋아하는 것은 인간의 본성이 그렇기 때문이다. 왕은 인간이다. 그런 면에서 겸손은 사람을 얻을 수 있는 아주 뛰어난 정서적 기술일 수 있다.

<blockquote>
"누구에게도 절대 열어 주지 않는 문을
너에게 열어 준 것은
네가 고개를 숙일 줄 알았기 때문이야."
</blockquote>

　겸손이 전략적으로 쓰이면 허허실실虛虛實實 전략이 된다. 겸손이 야망이 넘치는 사람을 만나면 구밀복검口蜜腹劍이 된다. 구밀복검이란 입에는 꿀이 있고 배에는 칼이 있다는 뜻으로, 뱃속에 흑심을 품고 입으로는 달달한 말만 하는 것을 말한다. 이처럼 겸손이 순수하지 못할 때 겸손은 매우 치명적이 될 수도 있다. 인간은 위장된 겸손과 순수한 겸손을 잘 분간하지 못하므로 더욱 그렇다. 누군가에게 겸손은 엄청난 위력을 지닌 무기가 된다.

　인간의 신체 작동을 보면 겸손은 어쩌면 생존의 수단이 아닌가 싶다.
　인간의 몸은 기본적으로 생존에 가장 유리하게 만들어졌고 또 그렇게 작용을 한다. 먹어야 사니까 입이 있고, 숨을 쉬어야 사니까 코가 있으며, 이외에도 인간의 몸은 생존과 매우 밀접하게 만들어지고 작용을 하는 구조로 되어 있다.

그렇다면 인간의 몸에서 겸손과 연관된 부위는 어디일까? 목과 허리이다. 목과 허리는 앞으로 움직이는 것과 뒤로 움직이는 것이 다르다. 앞으로는 얼마든지 자유롭게 움직일 수 있지만, 뒤로는 마음대로 되지 않는 구조로 되어 있다. 왜 그럴까? 나와—대화를 하든, 거래를 하든—마주하는 상대방이 앞에 있기 때문이다. 목과 허리는 앞 방향으로 쉽게 움직일 수 있다. 목과 허리를 숙임으로써 앞에 있는 상대방에게 겸손을 쉽게 실천할 수 있다.

상대방을 뒤에 두고 대화하거나 소통하는 경우는 거의 없다. 그래서 목이나 허리가 뒤로는 자유롭게 움직일 필요가 없다. 이렇듯 인간의 몸은 원래부터 겸손에 최적화되어 있다고 볼 수 있다. 겸손이 생존에 큰 도움을 줄 수 있도록 하려는 신의 의도는 아닐까.

나를 낮추되 비굴하지 않고, 나를 내세우지 않되 나의 주관은 뚜렷하고, 남을 존중하되 자기 자신을 함부로 하지 않을 때 겸손은 진정성을 가질 수 있다.

겸손은 인간관계를 부드럽게 해주고 인맥의 폭을 넓게 해주며 신뢰를 줄 수 있다. 그러나 겸손이 비굴함이 되거나, 주관이 없어서 어쩔 수 없이 겸손해지거나, 자기를 형편없이 여기며 남을 존중하는 겸손은 역효과를 일으킬 수도 있다.

삶이 묻는다.

"너의 겸손은 겸손인가, 비굴인가?"

종교에서, 처세술에서, 인문학에서, 모든 분야에서 겸손을 매우 중요하게 다루는 이유는 겸손이 그만한 위력을 지녔기 때문이다. 겸손은 나를 낮춤으로써 얻는 것이 매우 많지만, 오만이나 거만은 나를 높임으로써 잃는 것이 많을 뿐 아니라 안전이 위협받는 위험한 상황을 초래할 수도 있다. 오만은 위험을 자초하지만, 겸손은 안전을 최대한 보장한다.

시대에 따라 패러다임이 다르고 요구되는 덕목이 다르지만, 시대가 아무리 변해도 변하지 않는 인성의 덕목이 있기 마련인데, 그중 겸손은 특히 이 시대에 더 요구되는 덕목이 아닐까 싶다.

21세기 들어 많은 부분에서 변화가 왔는데 그중 가장 무서운 변화는 범죄의 변화다. 예전에는 생계형 범죄 혹은 원한이나 복수에 의한 범죄가 주를 이뤘다면, 요즘엔 자존심에 관계된 사건이 부쩍 늘었다. 보복 운전이나 어깨가 부딪혔다고 폭력을 행사한다거나 사귀던 애인이 헤어지자고 해서 범죄를 저지르는 등 '무시당하는 기분'으로 인한 범죄가 갈수록 늘어나고 있다. 만약 우리 사회에 겸손이 보편화된다면 단언컨대 범죄는 훨씬 더 줄어들 거라고 확신한다.

겸손은 상대방을 자극하지 않는다. 겸손은 상대방을 편안하게 하고 안심시키며 존재감을 느끼게 해 준다. 겸손은 가히 이 시대 사람들이 반드시 갖추어야 할 생존의 덕목이라 하지 않을 수 없다.

'나'와 '나'가 하나의 기업 대 기업으로 맞설 수 있는 시대, '우리'가 아닌 '혼자'가 당연시되고 있는 시대, 겸손이 더 중요하고 더 요구되는 시대다. 개인이 곧 브랜드인 시대에 한 사람의 인격, 성격 등은 인간성을 넘어 사회적 능력으로 작용할 수 있고 그 중심에 겸손이 있다.

우리는 겸손해야 한다. 겸손해야 더 안전하다. 겸손해야 더 이롭다. 겸손해야 성공하기 쉽고 겸손해야 나를 지키지 쉬우며, 겸손해야 살아가기가 더 편하다. 겸손을 인격의 영역에서 다루던 시절은 이미 지났다. 겸손은 이제 생존의 영역에서 다루어져야 한다. 겸손은 나를 지키는 방패요, 겸손은 상대방을 은밀하게 공격하는 창이다. 우리는 겸손을 반드시 갖추어야 한다.

그리고 우리는 자신의 인생에게 겸손해야 한다.

삶이 묻는다.
"너는 너 자신에게 겸손해 본 적 있는가?"

" 겸손한 마음은 모든 은혜를 받는 그릇이다.
– 아우구스티누스

°섬김

모시어 받듦

　도덕은 옛말이고, 길가의 꽃잎 따듯이 사람이 사람의 생명을 아무렇지 않게 여기고, 사람에게 사람이 가장 위험 요소가 되어 버린 시대, 그 때문일까, '섬김'이란 낱말 하나가 이토록 무게감을 지녔던 적이 있나 싶다.

　이 시대 리더들이 '섬김의 리더십'을 내세우고, 리더가 된 비결로 섬김을 꼽는 것은 자신이 사람을 소중하게 여기는 인간적인 사람이라고 자랑하고 싶어서가 아니다. 그만큼 이 시대 사람들이 '사람으로 대접받기'를 갈망하고 있다는 증거가 아닐까, 역설적으로 그만큼 사람들이 푸대접을 받고 있다는 증거가 아닐까.

　원래 우리나라는 섬김이 상식이었던 섬김의 민족이었고, 우리의 선조들에게 섬김은 일부러 챙겨야 하는 덕목이 아니라 태어날 때부터 자연스럽게 의식에 배어 있는 성품이었다. 그때는 섬김이 지금처럼 중요하지는 않았다. 모두가 섬김을 주고받았기 때문에 섬김은 당연했고, 섬김은 전혀 특별할 것이 없었으니까.

단순히 나를 낮추는 하심下心의 차원을 넘어서, 공경을 행동으로 표현하는 섬김은 사람이 사람에게 갖출 수 있는 최고의 예의요, 사람이 사람을 인정해 주는 최고의 처세이기도 하다.

섬김의 인간관은 내게 모든 사람이 다 귀인이요, 모든 사람이 다 내게 복을 주러 오는 사람이며, 신을 대하는 마음으로 사람을 대하는 마음이다. 섬김의 리더십은 내가 그들의 위가 아니라, 그들이 나의 위에 있다는 마음으로, 그들이 나를 떠받드는 것이 아니라, 내가 그들을 떠받드는 마음으로 이끄는 능력이다.

섬김의 철학이 가장 빛을 발하는 데는, 일상에서—높거나 낮거나—지위에 상관없이 보통 사람들에게 섬김을 실천했을 때이다. 섬김은 높은 사람에게 잘 보이기 위해서가 아니라, 평범한 사람을 있는 그대로 귀한 존재로 섬기고 진실로 귀하게 대하는, 인간에 대한 참마음, 참사랑이다.

섬김은 세상에서 가장 부드러우면서 가장 놀라운 결과를 약속하는 가장 인간적인 기술이다.

한때 '손님이 왕이다'라는 문구를 식당 벽에 붙이던 유행이 있었는데, 섬김의 글은 붙였으되 언행에 섬김을 담지 못했던 식당에서는 아무런 보탬도 되지 않았다. 이처럼 섬김은 말이나 마음만으로는 그 효과를 기대하기 어렵다. 섬김의 마음이 진짜여야 하고 섬김이 말뿐이 아닌 행동으로 나타나야 한다. 진심으로 그래야 한다.

섬김을 진실로 행할 수 있으려면 자존감이 충만해 있어야 하고, 자신감이 있어야 하며, 자기 사랑이 가득 차 있어야 한다. 흉내만 내는 가짜 섬김은 오래갈 수 없다. 진짜 섬김이 아니면 섬김은 그저 수가 뻔히 내다보이는 가벼운 마케팅이 되고 만다.

섬김의 삶은 진짜 마음이 아니면 시간이 문제일 뿐 금방 들통이 나고, 오히려 역효과가 난다. 섬김은 섬김으로 돌아온다. 섬김은 섬김 이상의 선물로 돌아온다. 다만 그 마음이 진짜여야 한다.

하지만 그 전에 꼭 해야 할 일이 있다. 자기 자신을 먼저 섬길 것. 내가 나를 섬길 줄 알아야 타인을 섬기는 것이 인위적이지 않고 진심일 수 있다. 섬기자. 나를 섬기자. 사람을 섬기자. 섬김은 인격 사랑이다.

삶이 묻는다.
"너는 너 자신을 섬기고 있는가?"

> **"** 타인을 섬기는 사람이 가장 큰 것을 얻는다.
> 위대한 사람은 언제나 순종할 준비가 되어 있다.
> 자신의 지휘 능력은
> 나중에 언제든 증명할 수 있기 때문이다.
> – 마흔 경

° 확신

굳은 믿음

"너를 확신하지 않고 원하는 곳에
갈 수 있을 거라고 생각하니?"

꿈을 향한 발걸음을 멈추지 않을 수 있는 힘, 난관을 극복하는 힘, 인생에 의미와 가치와 보람을 더 할 수 있는 힘, 불가능을 가능으로 바꾸는 힘, 없던 것을 있게 하는 힘, 확신이다.

한 걸음 한 걸음 기쁘게 나아갈 수 있게 하는 것, 아무리 높은 장벽이라도 포기하지 않고 넘을 수 있게 하는 것, 이루기 힘든 것을 이루게 하는 것, 기적을 일으키는 것, 이것이 확신의 법칙이며 확신의 약속이다. 확신의 법칙은 잠재력을 극대화할 수 있는 법칙이며, 위기와 시련에 좌절하지 않을 수 있는 법칙이며, 원하는 것을 현실화시키는 창조의 법칙이다.

보이는 것 너머에 대한 믿음, 자기 자신에 대한 믿음, 자신의 인생에 대한 믿음, 자신의 운명에 대한 믿음, 모든 상황이나 환경을 넘어서는 믿음, 그것이 확신이다.

"나니까 잘할 수 있어."
"나라면 잘할 수 있어."
"내가 열심히 하면 잘 될 거라고 확신해."

삶이 묻는다.
"너는 너 자신을 확신하는가?"

" 신념이 깊은 확신이 되는 순간
위대한 일이 일어난다.
– 무하마드 알리

확신은 가능성의 확률을 높인다. 확신은 인내의 힘을 강화한다. 확신은 열정에 불을 지른다. 확신은 모든 부정적인 생각, 부정적인 감정들을 물리친다.

그렇다면 확신은 어떻게 생겨나는 것일까? 확신은 생겨나는 것이 아니라 스스로 갖는 것이며 자기 손으로 만드는 것이다.

어떤 일에서든 확신의 유일한 조건은 '자기 스스로 그렇다고 정하는 것'이다. 확신은 밖에서 누군가 주는 것이 아니라 내 안에서 스스로 갖는 것이며, 나의 땀과 나의 눈물로 내가 만들어 가는 것이다.

하고자 하는 것이 무엇이든–올바르고 가치 있는 것이라면–확신을 갖자.

원하는 것을 가질 수 있고 이룰 수 있다는 확신을 갖자. 확신은 그저 믿는 것이다. 확신의 법칙은 되게 하는 힘이며, 이루게 하는 기술이며, 가능성의 마법이다.

무슨 일이든 확신을 가지고 하자. 언제나 확신에 찬 행동을 하자. 확신의 진짜 이름은 기적이다. 자신에 대해, 그리고 인생에 대해 확신을 갖자. 최소한 확신을 가진 것처럼 보이기라도 하자.

삶이 묻는다.
"너는 너의 인생을 확신하는가?"

❝ 확신을 가질 것,
아니 확신을 가진 듯이 행동할 것.
- 빈센트 반 고흐

세상에는 나의 꿈을 밀어주는 이들도 있지만, 나의 발목을 잡는 이들도 많다. 사람들의 선입견과 편견이 방해를 하기도 하고, 그래서 남의 눈치를 본다. 확신이 필요하다. 확신이 있어야 끝까지 할 수 있다. 어떤 사람들은 자신의 인생에 대해서 그리고 자신의 일에 대해서 남에게 믿음을 의뢰한다. 하지만 자기 자신을 확신한다면 남의 의견 따위가 뭐 그리 대수겠는가?

내 인생의 주체는 언제나 나 자신이며, 성패는 내가 나를, 내가 내 꿈을, 내가 내 인생을 얼마나 확신할 수 있느냐에 있다.

확신 없이 할 수 있는 도전은 없고, 확신 없이 던질 수 있는 승부수도 없다. 확신이 무너지면 추진력도 무너진다. 확신이 아니면 끝까지 가기가 어렵다. 확신은 믿음 없는 대단한 스킬보다 훨씬 대단하다.

삶이 묻는다.
"너는 너의 운명을 확신하는가?"

" 나 스스로 확신한다면
나는 남의 확신을 구하지 않는다.
– 애드거 앨런 포

˚ 줌과 받음

세상의 법칙

"주지 않았다간 받을 것도 없을걸!"

우리는 주기 위해 온 것일까, 받기 위해 온 것일까? 분명히 말할 수 있다. 우리는 주기 위해 왔다. 삶은 우리가 '줌'을 다할 수 있도록—우리를 위해 우리에게—주어진 시간이며, 세상은 우리가 '줌'을 실현할 수 있도록—우리를 위해 우리에게—마련된 공간이다.

우리는 늘 '받음'에만 마음을 쓴다. 받기 위해 에너지를 쓰고 받기 위해 시간을 쓰고 받기 위해 인생을 사용한다. 물론 우리는 받아야 산다. 그러나 '받음'을 충족하기 위해서는 '줌'을 잘해야 한다. '받음의 양'을 늘리기 위해서는 '줌의 양'을 늘려야 한다.

"받으려는 자 먼저 주어라!"
"받고자 하거든 먼저 주어라!"
"충분히 그리하라!"

이런 말들은 가난했던 성자들만의 빈말이 아니다. 크게 성공한 사람들, 크게 부자가 된 사람들도 비결로 하나같이 이런 주장을 한다.

주는 사람이란 어떤 사람인가? 줄 수 있는 마음, 줄 수 있는 힘이 있는 사람이다. 즉 능력자다. 그러므로 줄 수 있는 사람은 받을 수 있는 사람이다. 주는 능력이 곧 받는 능력을 키운다. 어떤 처지에 있는 사람도 줄 것을 전혀 갖지 못한 사람은 없다. 우리는 누구나 줄 수 있는 사람이다. 우리는 누구나 줄 수 있다. 다만 줄 마음이 없을 뿐이다.

내가 세상을 위해 준 것이 없으니, 세상이 내게 주는 것 또한 없는 것이 아닌가, 안다. 우리는 이런 이치 따위 예전부터 알고 있었다. 그런데도 우리는 왜 이토록 '줌'이 어려운 것일까.

사람은 저마다 그릇이 다르다. 그릇은 '줌'의 크기와 형태에 따라 다르다. 사람은 딱 자기 그릇만큼의 뭔가를 줄 수 있다. 담을 그릇은 키우지 않고 받을 욕심만 키우는, 그런 옹졸함이 우리에게는 있다. 반성하자. 그리고 변하자. '줌'을 실천하는 사람으로.

평생을 가난하게 살아온 사람이 부자에게 물었다. 어떻게 해야 부자가 될 수 있느냐고. 부자는 이렇게 말했다.

"당신이 세상에 주는 만큼 당신도 세상으로부터 받을 수 있다!"

산다는 것은 '주고받음'이 아니면 불가능하다. 삶은 주고받음의 연속이다. 주지 않으면 받을 것도 없게 된다는 삶의 법칙, 그것은 우주의 진리라고 한다.

우리는 받은 것이 참 많다. 그런데 받은 것에 비해 우리는 너무나 인색하기만 하다. 그렇지 않은가? 주며 살자. 베풀며 살자.

받고 싶은 게 너무나 많은 우리들, 오로지 받는 것에만 평생을 바치는 우리들, 더 늦기 전에 우리는 '줌'에 마음을 써야 한다. '줌'을 통해 영혼의 빚을 청산하는 것, 이번 생은 그런 이유도 포함하고 있다.

우리는 세상으로부터 받고 싶은 게 아직도 많다. 우리가 '줌의 법칙'을 잊지 않아야 하는 가장 현실적 이유다. '줌'이 곧 잘 받는 길이니까.

삶이 묻는다.
"너는 왜 주려 하지 않는가?"

" 무언가를 내주어야 한다면
바로 자신을 주어라.
– 월트 휘트먼